行政决策法治化研究

◎杨芳　著

图书在版编目（CIP）数据

行政决策法治化研究 / 杨芳著. -- 湘潭 : 湘潭大学出版社, 2023.9
ISBN 978-7-5687-1217-0

Ⅰ. ①行… Ⅱ. ①杨… Ⅲ. ①行政管理－行政法－研究－中国 Ⅳ. ① D922.114

中国国家版本馆 CIP 数据核字 (2023) 第 158118 号

行政决策法治化研究

XINGZHENG JUECE FAZHIHUA YANJIU

杨芳 著

责任编辑：刘文情
封面设计：张 波
出版发行：湘潭大学出版社
社　　址：湖南省湘潭大学工程训练大楼
电　　话：0731-58298960 0731-58298966（传真）
邮　　编：411105
网　　址：http://press.xtu.edu.cn/
印　　刷：长沙创峰印务有限公司
经　　销：湖南省新华书店
开　　本：710 mm×1000 mm 1/16
印　　张：9.75
字　　数：152 千字
版　　次：2023 年 9 月第 1 版
印　　次：2023 年 9 月第 1 次印刷
书　　号：ISBN 978-7-5687-1217-0
定　　价：50.00 元

前 言

行政决策是指政府依据既定的政策和法律,对面临的所要解决的问题,收集社会各方面信息、拟定解决方案并作出最终决定的行为过程,这一行为过程对于塑造政府形象发挥着关键性的作用。行政决策法治化是依法行政在政府决策领域的重要体现,确保整个行政决策的过程能够有法可依、依法开展。

近年来,我国各级政府为推进行政决策法治化作出了不少有益的探索,取得了许多可喜的成绩。但是总体而言,行政决策的法治化水平与建设法治政府的要求相比还有较大的差距,且在法治化过程中面临着诸多困境。主要表现在以下几方面:第一,行政决策的法治理念模糊;第二,行政决策的法定程序虚化;第三,行政决策的法律责任缺失;第四,行政决策监督机制和纠错机制缺失。

我国《宪法》明确规定“中华人民共和国实行依法治国,建设社会主义法治国家”。实现依法治国,行政机关依法决策、依法行政是关键,是基础。行政决策作为行政管理活动的首要环节,决定着行政管理活动的成败,依法、科学、民主决策成为建设法治政府的本质要求。面对新时期带来的机遇和挑战,新一轮机构改革势在必行。要建立“现代公共型政府”,真正实现依法治国,一个不容忽视的课题就是,加快推进决定事业兴衰成败的关键环节——决策的法治化进程。行政决策法治问题是新世纪以来中国执政党和中央政府高度重视的一个课题，该研究的现实意义在于培育现代行政决策法治观，构建现代行政决策制度与机制，推进我国政治文明建设。

行政决策法治化能够克服行政决策在制定、执行、监控、评估过程中存在的缺陷，有力保障公民对行政决策享有的知情权、表达权和监督权。通过行政决策法治化可以拓宽群众参与渠道、强化决策责任制、增加决策透明度，最大限度满足公共政策合法、合理、科学、民主的要求，从而促进公众对政府行为的认同。无论是从政府自身建设还是从社会和谐进步、公民权利保障等角度来看，促进行政决策法治化建设都是现代民主政治发展的必然要求。

目录

第一章 行政决策概论

第一节 决策的起源、含义与发展

一、决策的起源

决策，在中国最早出自出《韩非子·孤愤》："智者决策於愚人，贤士程行於不肖，则贤智之士羞而人主之论悖矣。"而决策理论最早源于英国经济学家凯恩的理论职业决策的概念，最初提到的是生涯决策，指一个人选择目标或职业时，会选择使用一种使个人获得最高报酬，而将损失降至最低所用的方法。当个人面对多方面的选择时，每一项选择对其而言都有不同程度的价值，"生涯决策"就是个人在多项选择之间权衡利弊，以达成最大价值的过程。

诞生于20世纪40年代的决策科学是一门新兴的科学，但其研究对象——人们的决策活动却早已存在于人类的实践活动中，决策的历史与人类的历史一样悠久。人类实践活动的丰富性决定了人类决策类型的多样性。行政决策作为众多决策中的一种，一方面，在决策的构成因素及各环节上与其他决策有许多共性；另一方面，又有区别于其他决策方式的特殊性。

二、决策的含义与特点

什么是决策？通览国内外论著，对"决策"概念的解释，真是仁者见仁，智者见智，莫衷一是。有的说，决策是下决心、作判断；有的说，决策是一种社会过程；有的说，决策就是选择；也有的认为，决策就是领导"拍板"……

归纳起来，目前国内外比较趋于一致的看法，一是由科学管理学创始人之一、世界著名经济学家、美国科学家西蒙(Simen)提出的“管理就是决策”;二是由中国学者于光远提出的“决策就是作决定”,这恐怕也是“决策”一词的最初含义(“决策”一词是英语Decising Making的意译,意为“作出决定”)。以上两种看法从不同角度揭示了决策的基本内容。①

从决断层面来看,决策是人们对未来实践的方向、目标、原则以及为选择达到目标而应采取的方法、途径、策略所作出的决定。

按照这样的理解,决策活动是人类的基本活动之一。不论是工作还是生活,在付诸行动之前,人们总要经过思索,决定该干什么和怎样干,这就是决策。决策是行动的选择,行动是决策的执行。具备决策能力可以说是人区别于其他动物的重要标志。人是有意识的高等动物,人的行为总是受思想意识的支配,人在行动之前一般都有一个思考与选择的过程;人在行动之前的这种思考与选择,就可视为一种决策。将广泛存在于各领域的人们的决策活动加以理论概括,对决策分类、决策过程、决策体制、决策主体、决策原则以及决策方法的深入研究,就形成了决策科学。从这个意义上说,决策科学就是研究人们如何“作决定”的学问。

从组织管理层面来看,决策是管理工作的核心。

首先,任何部门层次的管理工作都离不开决策。管理过程无非就是由决策与执行这两个环节所构成的“决策—执行—再决策—再执行”的循环往复的过程。

其次,决策是执行各项管理职能的基础。例如:没有对人员配备、机构调整、经费筹措的决策,就没有组织工作的落实;没有对目标方针的决策,就没有工作计划的制定和实施;没有对未来的谋断和具体实施手段的决策,就

①郝丽.行政决策后评估的问责价值实现研究[D].长春:吉林大学,2022.

没有指挥功能的发挥等。

最后，决策的质量是决定管理成效的关键因素。正确的管理行为来源于正确的管理决策；错误的管理行为来源于错误的管理决策；而错误的管理行为当然无法实现高效益的管理。

因而，现代化管理十分重视决策。美国学者马文(P.Mavin)曾向一些单位的高层管理者提出如下三个问题："你认为你每天最重要的事情是什么？""你每天在哪些方面花的时间最多？""你在履行你的职责时感到最困难的是什么事？"结果90%以上的回答都是决策。可见决策在管理中所占的重要地位。

另一位美国学者德鲁克(P.Drucker)曾赞扬日本管理人员对决策的重视及其认真细致的决策作风。他说，美国人与日本管理者打交道时有两点很怕日本人：一是日本人制定决策时那样慢条斯理，让美国人等得不耐烦；二是日本人在执行决策时那样雷厉风行，让美国人措手不及。他认为，日本人把更多的功夫下在决策上是高明的，因为只有决策周密、成熟，才能执行起来顺当，提高效率；反之，如果决策草率，执行起来必然不顺当，这样看起来快了，实际上还是慢了，效率一定不会高。这个观点清楚地突出了决策在管理中举足轻重的作用。

三、决策的历史发展

决策行为是人类的固有行为之一，但作为一门学科的决策科学理论则是在20世纪初才出现的。在人类发展史上，决策的行为和理论经历了一个由不成熟到成熟，由蒙昧型、经验型到科学型的发展过程。

在原始社会，人类在为生存而斗争的劳动实践中，产生了早期朴素的决策思想和行为，这是一种处于蒙昧状态的决策。由于生产力水平低下，社会结构和社会问题简单，没有什么复杂的决策过程，或者"一切问题，都由当事人自己解决，在大多数情况下，历来的习俗就把一切调整好了"；或者由于人们把强大的自然力量和复杂的社会现象都视为神旨天意的表现，当遇到重大问题需要作出决策时，决策者往往依靠占卜问卦等迷信手段预测凶吉，进行定夺。在人类社会发展史上，这种蒙昧的决策形态持续了相当长的一个历史时期。

文字的产生大大促进了决策活动的发展，并使人类的决策活动发生了从蒙昧型向经验型的突变。文字使人类决策活动的成果从只存留在人的思想意识中，发展到可能长久记录下来；把人类在长期实践活动中积累起来的智慧和经验，从口传心授变成文字形式的记载。这样，不但能使人类的智慧结晶广为流传，而且不因前人的消亡而消失，于是，随着社会实践的发展，生产规模的扩大，人类实践经验的日益丰富，经验在人们认识世界和改造世界的活动中显示了越来越大的积极作用，经验决策的新形态应运而生。

所谓经验决策，就是依靠决策者个人的经历和体验进行的决策。它具有直观的感知性、认识的表面性、分析的非定量性等特点。它同自给自足的自然经济形态相适应，因为在这种规模狭小的小生产方式下，社会关系简单，发展过程缓慢，依靠个人对社会生活的体验，即可作出决定。我国历史上曾涌现出众多具有深谋远虑的决策人物，他们的决策活动为我们研究决策的理论、方法提供了宝贵的财富。诸如：汉文帝刘恒在位时，作出了“与民休息”的决策，汉景帝刘启继位，继续采取与民休养生息的政策，使社会经济呈现“海内殷富、府库充实”的繁荣景象，被称为“文景之治”；诸葛亮的“隆中对”，分析天下形势，提出占据荆、益两州，联孙抗曹，徐图中原的决策，刘备采纳这一决策后，得以建立蜀汉政权，与魏、吴鼎足三分；朱元璋采纳“广积粮、高筑墙、缓称王”的建议，创立了明王朝；还有孙膑为田忌赛马献策而胜齐威王的战术决策；李冰父子设计都江堰水利工程体系，妥善解决了分洪、排沙、引水等一系列兴利除害问题的决策等。他们的这些决策，都是根据决策者个人的阅历、知识与智慧（包括对他人、群体智慧与经验的吸取）进行的,决策成功与否主要取决于决策者的个人智慧和经验。在经验型决策历史时期,统治者为弥补自身经验的不足,往往网罗一些谋士、食客作为自己决策的“外脑”——古代智囊团,但这实际上也只是自身经验的扩大,仍然没有摆脱经验决策的束缚。

20世纪30年代以来,人们的决策活动面临新的形势:一方面,现代化大生产发展迅速,社会生活更加复杂多变,领导者单凭个人经验、才能进行决策已显不够。现代化生产规模庞大,结构复杂,功能综合,因素众多,变化多端,影响巨大。这种大生产不仅在人、财、物的投资方面是空前的,而且整个社会的各方面也千丝万缕地联系在一起,牵一发而动全身。这就要求决策者统观全局,审时度势,从全局到局部,从当前到未来,从经济价值到社会效益,进行周密的方案论证工作,及时作出可行而有效的决断。这些都不是个人的经验与智慧所能胜任的。另一方面,随着现代科学技术的巨大进步,为决策科学化提供了条件。系统论、信息论、控制论和运筹学等新兴学科的发展、电子计算机的出现和广泛运用现代管理理论的发展和成熟,都为决策科学的发展奠定了深厚的基础。人们开始借助于数学语言分析各种决策条件的定量关系,利用数学公式表述决策活动的各种方案,应用电子计算机和各种计算技术为方案选优进行科学计算、推理和验证,采用系统分析对各种方案进行评价和选择,运用预测方法对决策后果的不确定性进行判断等,所有这些,都把决策活动推向新的高度。

第二节　行政决策的原则与类型

一、行政决策的原则

做任何事情都要遵循一定的原则,行政决策也不例外。要保证行政决策这项高度综合的复杂性活动顺利进行,就必须遵循一定的原则。主要包

括以下几个方面:

(一)行政决策的目标原则

任何一项决策都是为了实现某一特定的目标而制定的,行政决策的正确与否与决策目标的明确和适中程度有密切关系。目标正确,决策就有了正确的方向;若目标错误,那么整个决策也就迷失了方向,且目标不能过高也不能过低。因此,行政机关和人员在进行行政决策时,首先要确定目标,并使这一目标准确、规范、符合实际,从而使决策的内容更接近实际,决策才能更加有效。

(二)行政决策的信息原则

行政信息是行政决策的基础,无论是决策目标的确定,备选方案的拟订和优选,还是决策方案的实施及反馈,都离不开信息。决策的科学性是和信息的准确性、及时性、准确性成正比的。决策者不但要充分地掌握信息,而且还要对信息进行分析、筛选和处理,去伪存真、由表及里,从而得出正确可靠的决策依据。另外,各单位应建立内外部信息沟通的渠道,加速信息交流。

(三)行政决策的预测原则

正确的预测是决策成功的关键。决策都是对未来行动所作出的一种设想,是在事情没有发生之前的一种预先分析和抉择。因此,对未来的状况、发展趋势进行预测就显得十分重要。预测是指运用科学的方法对决策对象的未来状况和发展趋势进行预测。常言道:“凡事预则立,不预则废。”科学的预测不是盲目的,是建立在可靠的信息和系统的分析基础上,以客观事实为依据,是对客观事物发展规律的准确反映。事实表明只有运用科学的预测,了解行政决策对象的发展趋势,才能使行政决策的结果科学和可靠。

(四)行政决策的可行原则

决策最终是要实施的。如果一种决策制定后不能实施,那么即使决策制定得再好也没有意义。决策是否可行,取决于许多因素,要从人力、物力、财力、时间、法律后果、社会心理承受能力和技术各方面做好准备。要求决策不能超出现实条件、片面追求高标准,要讲求社会效益和经济效益。这就要求决策者在决策的过程中,要对实施决策的现实条件进行可行性分析和论证,做到积极稳妥,量力而行。

(五)行政决策的择优原则

行政决策必须是在对多个不同的方案中进行分析和比较,按照利中取大、弊中取小、化弊为利的规则,从中优选出一个较为满意的方案。而如果只有一个方案,没有比较,也就无所谓选择,这样的方案也绝非一个好的决策。

(六)行政决策的时效原则

由于客观世界是不断发展变化的,而行政决策都是相对于一定条件下的特定的问题作出的,因此决策具有很强的时效性。行政决策不仅要正确,还要把握好时机,发现问题后应及时搜集信息,研究问题,果断决定。还要保持决策实施期间的相对稳定性,不能变化无常,同时还要把握方案的同期性,如果方案过时,就要根据变化了的新情况及时对决策进行调整。

(七)行政决策的动态原则

由于行政决策的制定、执行和修改是一个长期的动态的过程,所以在整个行政决策过程中应时刻关注社会环境和形势的变化。在具体实施决策时,要注意信息的反馈,随时进行决策的追踪和检查,一旦发现决策与客观实际不符,就应及时地进行调整。

(八)行政决策的系统原则

系统原则是决策科学化的保证。马克思主义认为,客观物质世界的各种实体都相互联系着,人们的思维也表现为相应的联系。在行政决策过程中,决策所要解决的问题都不是孤立、片面的,而是与其他的社会问题紧密联系在一起的。因此,这就要求决策者必须把决策所要解决的问题看成是一个诸因素相互联系、相互作用的统一的有机整体,从整体和局部、内部条件和外部环境、当前利益和长远利益、主要目标和次要目标等方面来对问题进行全面、系统的综合分析,得出解决问题的最优方案。

(九)行政决策的合法原则

合法原则是决策的法律保证。行政决策是国家意志和利益的体现,这就决定了任何行政机关在进行行政决策时,必须在宪法和法律规定的范围内进行。这不仅要求行政决策者的决策不能超出自己的权限范围,而且还要求行政决策者决策的目标、方案、措施等,必须以国家的有关法律法规为依据,以党的路线、方针、政策为指导。任何与国家法律法规以及党的路线、方针、政策相抵触的决策都是错误的,必须受到抵制。

(十)行政决策的集团决策原则

现代决策日益复杂,单凭个人智慧难以胜任,必须实行集团决策。所谓集团决策是指充分发挥集体的智慧,由多人共同参与决策分析并制定决策的整体过程;与多数人决策或者群体决策不同,它是民主集中制的前提下,在决策中最大限度应用和发挥决策参谋机构即“智囊团”的作用。集团决策不是简单的集体讨论,也不是少数服从多数的简单表决,而是决策者与由专家、学者和管理工作者组成的智囊团相结合,经过科学方法的调查、研究、对比、分析,提出有依据的、切实可行的方案。

二、行政决策的类型

(一)确定型决策、风险型决策和不确定型决策

确定型决策是指存在确定的目标,面临一种自然状态,各种行动方案都有确定性结果的决策。确定型决策包含两个方面的含义:一方面是提供决策选择的每个方案中,自然状态(影响决策的因素在客观上存在的可能情

况)是完全确定的;另一方面是每一个备选方案的目标能否实现是完全可以预见的,一个方案只能出现一个结果。由于方案本身与结果之间有着必然的对应关系,这类决策并不复杂,只需比较各个备选方案孰优孰劣,就可作出抉择。当方案与结果之间的对应关系不是确定的时,这种决策就可能是风险型决策或不确定型决策。风险型决策是指在可供选择的方案中,存在着两种或两种以上的自然状态,哪种状态会出现是不确定的,但决策者可以对它们发生的概率作出大致的预计。但是,这类决策结果也只能按某种概率出现。风险型决策中的风险来自决策者在可供选择的方案中对自然状态缺乏控制的能力和这类决策目标能否实现只能用概率性来加以评估。不确定型决策是指所提供选择的方案中存在着两种或两种以上非决策者所能控制的自然状态,或者决策者没有能力,或难以确定各种自然状态出现的概率。不确定型决策与风险型决策类似,不同点在于各种自然状态出现的概率可否得以预计,因而决策结果更加不确定,决策风险更大,特别需要决策者慎重从事。①

(二)单项决策与序贯决策

单项决策所要求制定或选择的行动方案只有一个,处理的问题是某一时间点或某一时期总的结果。比如,要确定某单位今年的进人计划,决策结果只有一个,即根据行政管理和事业发展的实际需要确定本单位规模应发展到什么样的水平。单项决策不一定是单目标决策,单项决策方案中可能包含几个目标和若干个决策变量。序贯决策是指一系列相互关联的行政决策。这类决策不是一个而是由若干个决策组成一个序列集合,这一序列集合里的一系列决策彼此关联,前一项决策直接影响后一项决策。

(三)经验决策和科学决策

经验决策是依靠决策者个人过去的经验阅历和直觉判断所进行的决

①林艺.重大行政决策公众参与制度研究[D].宁波:宁波大学,2019.

策。这类决策的感性成分较多,理性成分较少,决策者的主观判断与个人价值观在其中起着重大作用。不少决策问题包括较多的难以定量化的抽象因素,对于它们的解决,运用经验是不可缺少的。用经验来设计和选择决策方案,能否见效,不仅取决于决策者的经验阅历是否丰富,而且还取决于决策者对过去的那些决策行为与当前的决策之间的异同点能否有正确的认识。对于有些决策问题的解决,个人的经验阅历是有限的,这时,就应发扬民主作风,集合他人的经验。直觉在决策中也有重要的作用,但是直觉并不总是可靠的。科学决策是指决策依据科学的理论、严密的程序和科学的方法所进行的决策。在整个决策过程中使用科学推理以及现代决策技术和决策工具。科学决策必须是量化的,但很多行政管理和公共事务实际上是不能量化的,有很多变数,所以,两种决策各有其适用范围,实际决策中往往科学决策是和经验决策相互配合使用的。

(四)程序性决策和非程序性决策

程序性决策,也称常规性决策,是指对日常工作经常需要解决的、重复出现的一般性问题的决策。这种决策经常以相同或相似的形式反复出现,因而对这类问题的解决决策者有先例可鉴,或可依照以往决策的经验、现成的政策、规则以及曾采用的程序和方法进行决策,一般说来,程序性决策过程中的创造性较小。非程序化决策所处理的问题是过去不曾发生的,新的、独一无二的问题,具有不寻常的影响。对有关这类问题进行决策,一般没有先例可循,无现成章法可依,工作难度较大,它更多地依赖决策者个人的经验、知识、判断力和解决问题的创造力等。正因为如此,对于同样一个问题,不同的决策者可能作出完全不同的决策处理。通常在行政管理中,程序性决策主要是低层领导决策,非程序性决策主要是高层领导决策。或者说,越是基层管理,所处理的决策问题,程序化的决策所占比重越大;越是高层,非程序化的决策所占比重越大。高层管理者往往把例行性决策授权给下级管理层，把时间用于处理和解决更棘手的问题；而下级管理者，一般说来，也会把无先例可循的或困难的决策向上报告或呈送。当然，只要可能，行政管理上的决策都应当是程序化的（一般组织中，约有80%的决策可以成为程序性决策），即应按既定的制度、政策、规则进行决策，使决策常规化或标准化，只有这样做，才能更有助于行政决策的科学化和行政管理效率的提高。

（五）初始决策与追踪决策

初始决策是指对特定问题的处理办法和行动方案所进行的首次抉择。而追踪决策是指对实施中的原定目标或行动方案所做的根本性的调整。追踪决策的原因是内外环境发生了变化以及组织对环境特点的认识发生了变化。追踪决策的依据是原有决策的实施效果和这一决策所涉及的当前的主客观情况的变化，即通过原有决策的实施，发现原先确定的决策目标有问题或无法实现，必须进行再决策。可见，追踪决策是实施过程中发生的，而且是一种根本性的调整，它不同于一般的决策修正。虽然决策修正也可能在决策实施过程中发生（也会在决策前发生），但只是对原有决策的一般修正与完善。

（六）战略决策与战术决策

从调整对象来看，战略决策调整组织的活动方向和内容，解决“干什么”的问题，是根本性决策，如诸葛亮的《隆中对》；战术决策调整在既定方向和内容下的活动方式，解决“如何干”的问题，是执行性决策，如“田忌赛马”。

从涉及的时间范围来看，战略决策面对未来较长一段时间内的活动，而战术决策则是具体部门在未来较短时期内的行动方案。战略决策是战术决策的依据，战术决策是在其指导下制定的，是战略决策的落实。

从作用和影响上来看，战略决策的实施效果影响组织的效益和发展，战术决策的实施效果则主要影响组织的效率与生存。许多决策都与组织层次这一因素有关,高层管理者所作出的决策与基层管理者所做的决策就有诸多不同,如上述的程序化决策与非程序化决策就是一个体现。再如,“满意化决策”主要是高层决策者所追求的,而最优化决策这类方法则在基层管理者那里得到较多的运用。战略决策与战术决策也与决策者在管理层次中所处的位置有关。战略决策的对象由于是行政组织的发展方向和远景,它一般是由上级管理者作出的。这类决策往往关系全局,涉及行政组织整体在未来一段较长时期的活动,对组织的影响深远。而战术决策多是由中层、基层管理者具体操作。这类决策所涉及的大多是行政组织的局部问题,所涵盖的时间区间相对较短,对行政组织具体活动的影响较为直接。在行政管理中,战略决策和战术决策密切联系,相互补充。一般来说,前者为后者规划了远景,后者则是前者的具体化、组成部分和实现保证。

(七)单目标决策与多目标决策

从决策目标的角度上来看,决策问题可划分为单目标决策和多目标决策。单目标决策是制定单一目标并为此制定和选择决策方案的决策,单项决策结构较简单,求解较容易。但是,许多决策问题都涉及多个目标。多目标决策是制定两个或两个以上目标并为此制定和选择决策方案的决策,其结构复杂,必须考虑各种因素的变化。从一些候选干部中公开选拔一人担任某一管理职务,候选干部的品德、才干、健康状况等都是要考虑的因素。那么,显然这是一个至少包括有三个目标的人事行政决策问题。实际上,在行政管理决策中,除了对十分简单的决策问题处理外,其他往往都是多目标决策。行政决策的目标多了,设计方案的要求和评价标准也就随之增多,决策的难度也相应大一些,因而需要较高的决策技巧。

(八)个人决策和群体决策

个人决策是指行政决策的整个过程中都只是由一个人独自来完成的。

个人决策模式中决策权力属于单个决策者所有,它包括个人专断式和个人负责制式两种具体形式。在行政决策中,个人决策较多,但往往容易出错,重大问题应实行群体决策,个人决策需要有制度平台。群体决策是行政决策过程的某一环节或整个过程是由两个人以上的群体完成的。群体决策模式中决策机构的全部成员拥有同等决策权力,共同决策和共同负责。它有两种具体形式,即历史上的寡头政治和当代的各种委员会制。决策的各种制约因素使得管理者个人对许多决策问题的认识不可避免地带有很大的局限性,解决的办法就是邀请有关的人员一起参与有关问题的决策。集体的力量有可能大大减少对决策问题认识的盲区和不足。

与个人决策相比,群体决策有其突出的优点:①增加决策信息和知识的全面性。在同一问题的决策上可集合到更多的信息和知识。也就是俗话所说的三个臭皮匠顶上一个诸葛亮;②增加决策方案的多样性。群体决策有利于克服个人决策时较常出现的"隧道视野"缺陷;③增加对决策方案的可实施性。特别是让那些将要或正在执行决策的人参与到该决策制定过程中,就能够使决策方案获得更多的支持,从而有利于决策方案的顺利执行;④提高决策的合法性。民主参与、群体决策,可以进一步增强决策的合法性。

群体决策也有弊病,主要表现在:①用时较多,决策效率低。与个人决策不同,群体决策要和上下级及其他人员反复讨论,有时还会出现激烈的争议,甚至陷入僵局,所用时间必然较多。不适合于需要作出快速反应的决策情形。②被少数人控制。参与群体决策的成员在决策中的实际作用不是一样的。有的成员影响力大,而另一些成员对决策结果的影响力则比较小。特别是当集体的决策讨论被个别领导、专家、年长者、资源拥有者所控制时,决策就被少数人实际操纵了。③从众现象。群体决策中常常存在着种种社会压力。在决策讨论时,往往会出现"随大流"的现象。④责任不清。个人决策的责任者是很明确的。而群体决策的责任则是分散化的,有时甚至出现没有人对决策结果实际负责的现象。

第三节　我国行政决策特点分析

一、行政决策权的分散

这种趋势表现在两个方面:一方面,行政决策权的“下移”倾向。主要表现为中央政府开始将原先由自身掌握的某些权力下放于地方政府行使,扩大了地方政府的行政决策权限。如美国政府的“还权于州”计划、我国的“简政放权”改革。另一方面,行政决策的主要负责人将原先独自享有的决策权交由下级行使,从而增加了行政下级的决策权限。如提出决策目标权、初定决策方案权。行政决策权存在分散的民主化趋势,而行政决策形式则存在复合趋势。这种复合决策是以行政负责人为核心的包括专家和行政公务人员以及一定的社会行为为主体的内在决策。它是社会环境动态化和社会因素及其相互关系复杂化的产物,也是人类教育水平和智能水平提高、民主参与意识增强的产物。

二、高速化、网络化

科技的迅猛发展、经济的高速增长和信息量的急剧膨胀,必然导致决策机遇稍纵即逝。只有及时收集信息,敏捷作出反应,抓住机遇,决策才可能取得满意的效果。信息技术的发展,使得人的获取信息和处理信息的能力大大提高,信息高速公路的建成,将使信息传递能力和传递速度大幅度提高。全面实现管理决策的计算机化和信息化已经指日可待,空间和距离已经不再是传递信息的障碍,卫星通信设备和双向有线电视的广泛使用,将使得决策信息的时效性表现更为突出。

行政决策的高速化,行政信息的共享性、可传递性,行政决策对象的社会联系的广泛性，必然导致行政决策组织系统的网络化趋势。纵横交叉的矩阵网络和立体网络的决策组织结构，将使决策组织更好地发挥整体作用。而集卫星通信、光纤通信、数据通信、图视通信和移动通信等技术于一身的高速传输信息的网络又为行政决策的网络化提供了最先进的物质条件。

三、综合化

行政决策的内容涉及整个国家和社会的政治、经济、文化军事、外交、人口和环境等各个领域，每个决策对象无不处于社会大系统之中，任何行政决策不可能孤立地进行，尤其是高层次的战略性决策，往往是多项目标决策和连续性决策，既要考虑各种因素、各种态势，又要综合各有关学科知识，掌握和应用多种方法，制定和实现目标。在今天，随着世界经济一体化，以及全球问题的出现，对一些重大问题的决策，不仅涉及各学科知识和各类专业技术人员，还涉及地区之间以及国际协作，需要进行世界性的综合治理。

行政决策的综合化趋势也是个人决策向群体决策发展的必然结果。以行政首长为核心的，包括专家、专家团体和行政公务人员以及一定的社会行为为主体在内的复合决策，即群体决策日益取代完全凭借个人知识、智慧、才干和意志的个体决策。决策主体的增多，带来了决策思想和决策利益的多样化，决策不再只以一种思想为指导，也不再只从一种利益为转移，全面综合考虑正成为一种决策时尚，“综合治理”正成为公共行政决策的一种信条。

这种趋势还是追求更良好的管理决策效果的结果。现代公共行政管理是一个多因素的动态的复杂系统。这一系统包含着目标和价值次级系统技术次级系统、社会心理次级系统和管理次级系统以及其他更次一级的子系统。为了实现良好的以社会协调发展为中心内容的管理目标，就必须结合设置许许多多子目标，规定和协调各目标之间的关系，最终实现一定的整合社会目的，即总目标。

这种趋势又是国家行政组织或机关为了在日渐激烈的竞争中取胜的结果。国家政府为了在国际竞争中取得成功,就必须全面提高国家的整体实力,即由国家的政治、经济、文化、军事等因素合成的整体综合国力,提高全体国民的教育、道德、心理、精神等因素合成的整体综合素质。地方政府或行政机关为了在横向比较中显示其政绩,保持领先地位,就必须全面综合治理管辖区域内各项行政管理业务,包括全面提高行政公务人员的素质。

四、定性与定相结合决策

"大科学""高技术"的发展,使得行政决策发生了根本改观,数学方法和自然科学的方法渗透到行政决策中来,运筹学和计算机的应用,使行政决策从过去只看作是领导者个人经验和能力的一门艺术,变成了建立在严格逻辑论证和实验检验整体上的一门科学成为可能。运筹学中的线性规则、动态规则、对策论、排队论、调度模型等,对行政管理决策确实起到了重大作用;电子计算机大幅缩短了解题和数据处理的时间,许多以往属于行政管理人员工作范围的常规决策工作已经自动化和程序化;管理决策的时效性和准确性大大提高。

然而,定量分析并不能取代行政决策的全过程。从行政决策主体来看,决策者的广博知识、丰富经验、敏锐洞察力、敢于承担风险的胆略和魄力等并不能被数学方法和计算技术所取代。从决策客体来看,行政决策以社会生活的每一个方面为对象,社会生活的多样性和复杂性是难以用数学模型加以全面描述的。因而,行政决策较之一般决策更需定量与定性相结合的方法。

强调人的因素在决策中的重要作用,充分考虑决策的组织行为方面和社会心理因素的重要性,在今天已经受到了格外的重视。事实上,社会心理学和管理心理学等行为科学在研究人类决策活动的心理因素和社会因素方面已经取得了一系列成果,一些行之有效的方法也得到了应用和推广。可以认为，人们对行政决策中人、物和各方面因素的作用，有了较为全面的认识，对行政决策无论是定量方面还是定性方面，都有了多样性的手段和方法。定量与定性方法的相结合，促使着现代行政决策向更高级形式发展。

五、远景化

从本质上来讲，行政决策是一种预见，并通过这种预见及其相应的行政行为来实现一定的目标。科学技术和社会经济的发展，使行政决策走向对更长远未来的思考。行政决策的远景化是一种必然的趋势。

在相当长的一个时期里，人们只注意决策的短期性而忽视了其长期性，决策的急功近利和短期行为招致了极大的损失，并使人们付出了沉重的代价。由于行政决策具有全社会性，决策的短期性将会危及全社会，危及全体国民和国家的整体利益。

在“大科学”“高技术”时代，科学、技术的社会化程度和社会、经济对科学技术的依赖程度，都达到了前所未有的高度。由于科学技术系统已经成为整个社会经济大系统中的一个子系统，并且是社会、经济得以运行和发展的至关重要的驱动系统，科学技术与社会、经济协调发展的问题突出地摆在了人们的面前。对于一个国家或地区来讲，要实现这些方面的协调发展，必须具有以整体为特征的战略性构思和规则：调整好社会各子系统，包括科学系统、经济系统、政治系统、教育系统等各子系统之间的关系，并预测其发展趋势，制定其未来实践的方向、目标和方法，以理性分析认识未来，充分预见未来的各种可能性。在即将到来的知识经济时代，科学技术的发展必须保持一定的超前性，科学技术必须走在生产和经济建设的前列，起先导作用。这是行政决策者在进行面向未来的决策时必须充分注意到的。

第二章 行政决策法治化概述

第一节 行政决策法治化的内涵与意义

一、行政决策法治化的概念与特征

行政决策以增进公共利益为目标,必然要求决策前应听取未来“受益人”公众的意见,这是决策民主化的价值取向,以法律形式保障公众的知情权和参与权是确保决策符合人民利益、符合社会公平正义的重要手段。可见,行政决策法治化为决策科学化、民主化提供重要保障,当决策理念中自然流淌着法律理性,决策者自觉树立法律思维,那么,彰显科学性、民主性的精彩决策自然不断,人民群众知情权和切身利益才有治国之重器——法律的保障。

行政决策的实质就是对利益的重新分配,社会财富总是从一种形式转为另一种形式,从一部分人手中到达另一部分人手中,由于法律保护的利益是有限的,行政决策失误在损害了人民群众的利益之余,也损害了政府自身形象,影响了社会的稳定,所以寻求正当合理的行政决策程序,将其纳入法治化轨道便尤为重要。行政决策科学化、民主化、法治化已成为新时期行政决策体制的总体目标,同时也是政治文明建设的基本任务之一,是市场经济发展的内在要求,三者密切联系,共同构成了一个多层次的目标与行动体系。行政决策的科学化包含决策理念、决策机制、决策方法的科学化,其中对决策者理性逻辑思维的要求与法律这种通过创设人与人之间秩序形成的人为理性相契合。法律对法律关系当中主体权利、义务配置的合理性可以保障决策主体及其权力配置协调、合理、科学,科学决策很大程度上取决于决策方法是否科学,决策失误也多是由于只凭个人感觉排斥听证、专家咨询等科学方法,我们应该通过法律强制性规定使决策者逐渐养成法治,又称法律之治,亚里士多德理解其为,已经制定的法律获得普遍的服从,而大家所服从的法律本身又是制定得良好的法律。同样,其应包含的另外一层意思就是法律作为最高权威,在法之外不应有更高权威的存在。

在国家大力提倡建设法治中国、法治政府的今天,行政决策作为各项行政措施之首,一个决策的作出必然会引出后续若干对普通群众权利、义务产生实际影响的具体行政行为,所以对行政决策的规制是从源头上遏制后续错误继续产生的手段之一。法律的制定和执行最终目的是实现统治者的特定目标,在这一过程中其采取的手段在一定程度上可能会对公民某些个人自由采取限制,但是这样做的好处却是在某些方面用同样的措施限定了政府的恣意妄为,以防政府以特别行动的名义破坏公民个人追求自我价值实现过程中的种种努力。

二、行政决策法治化的意义

从终极意义上说,行政法的目标在于实现行政法治。不过,作为一种法律理念,我们很难界定到底什么是行政法治,这只能在一定的理论框架下进行构建。一直以来,我们对法治的认识是建立在形式与实质的二元划分基础上的。在现代社会,实质法治对形式法治的矫正与补救,反映出形式法治所体现的基本价值关系处于紧张状态。或者说,形式法治与实质法治是对社会基本价值,如公平与效率、自由与秩序等的不同判断与取舍,实质法治在一定程度上缓解了形式法治所造成的价值冲突,不过,所有的价值冲突与价值判断,最终还是回归于正义问题的思考。因此,如何协调形式法治与实质法治的紧张关系,成为实现行政决策正义、追求行政法治的前提。

(一)行政法治的维度

依照马克思主义的逻辑与历史分析方法的统一性,行政法治不仅仅是一个逻辑化结构的社会关系,而且是一个“随着时间的推移”,不断地促使着这种逻辑结构改变的相对稳定的社会关系。由此,仅就法治的认知角度而言,行政法治是一个由逻辑与时间构成的多维概念。

1.行政法治的逻辑结构

行政法治的逻辑性结构,是由作为宪政运动产物的近代行政的理性力量使然;或者说,行政法治的逻辑性结构,决定着近现代行政法的规则构成与结构的形式理性。逻辑性结构不仅仅是行政法内部运作机制畅通的固有需要,更为重要的是,倘若行政法治不具有逻辑结构,就势必无法去体现其在实现行政预期方面的应用功能,从而使“行政法治”与形式理性相对。行政法治的逻辑性结构,究其根本,乃是为了实现自由,但它与行政预期更具对称性,行政预期即是通过行政法治的可理解的逻辑结构来表述、实施,必要时以司法救济行政预期。由此可见,行政法治的逻辑结构应建立在规则创制、实施、适用三者之间的和谐一致上。

在很大程度上,行政法治与法律至上是重合的。规则创制主体经过法定程序将公众的经验性行政预期与法律家的抽象性行政预期加以整合,将行政预期融入规则所设置的行为模式之中。立法所创制的规则之所以具有拘束力,从表面上来看,是因为规则赋予自身以法律效力,但实际上,这是由“公权力”的性质所决定的。在德沃金看来,国家的强制力之所以具有正当性,且公民有遵守法律的道德义务,只是因为,在一个以原理(原则)为基础的社会共同体中,其成员在一个关于公平、正义和程序公正性的共同理想中形成政治上的结合,每个人都平等地受到共同体的公权力的关怀和尊重,所以这个公权力是有道义的正当性、合法性和被认可性的。

规则的形成,仅仅是价值法律化,或者说,是行政预期为立法所确认,这仅仅为行政法治提供了制度性前提,相对而言,法律价值化显得更为重要。公权力赋予规则创制以正当性的逻辑力量,很自然要延伸到规则的实施与适用层次。对于所有的行政而言,无论是积极行政还是消极行政,只要存在着现行有效的规则,就应该保证其得到实施;倘若行政并不顾及现行有效的规则(甚至包括行政立法产生的规则)而随心所欲、自行其是,那么,这不仅仅是架空了立法,而且,极易导致"法治空洞化",使得行政滑入专制的深渊,那么立法以规则所表述的行政预期,也必然要被行政专制的洪水所淹没。

行政是否尽职地实施现行有效的行政法律规则,从常理上来说,并不应该由行政主体自己判断,因此,行政法治逻辑的第三个层次,便是适用规则予以判断的司法审查。法院保留着规则创制的公权力,自然有其正当性,但是无论是推行"法在判例中"的英美法国家,还是以成文法的形式理性来追求行政法治的大陆法系国家,都遵循惯例,或者适用严格规则的立法规定下,主张司法必须尊重现行有效的规则(这显然并非否定法院创制规则,以解决无规则依据纠纷的合理性),正是在这个意义上,司法主体与行政主体都在宣告法律,但是,由于权力分工之不同,或者说,是由于司法的相对超脱性,因而司法宣告具有最终性。正因为如此,如果行政实施行政立法所创制的规则,而司法所适用的是另一套规则,那么,行政法治就难免由于内部逻辑的混乱而可望而不可即。

2.时间维度

行政法治的内涵与外延并非一成不变的,随着时间的推移,其逻辑结构必然要不断经历着变革,这种变革包括两种基本形态:演变与突变。

(1)演变

演变是一个平缓的、渐进的过程,行政法治的演变指它基本上循着自身的逻辑而有秩序地改变其内涵与外延的平缓运动。行政法治的演变过程,主要是规则之间的相互竞争、适者生存的过程,而较少有外部力量的干预,它所展示的是行政法治必然具有的继承性。在哈耶克看来,法律并非必定形成文字,甚至往往无法形成文字,它是内生于生活的普遍规则,出现在现代立法机关诞生之前,往往是对自发秩序的承认和认可,国家政权仅仅对保证法律得以实施起到一种辅助作用。尽管这种法律只要有发展、变化,也必定具有某种溯及既往的效力,并且事实上在某种程序上改变现有的利益格局。但是,由于这种内生的法律规则的变化往往来自个人之间的博弈、合作与互利,因此,它是一种帕累托改进,而不是纯粹的再分配性质。并且由于这种法律基于经验,得到更在程度的普遍的和自觉的认同,也较少需要国家暴力强制执行。

行政法治的演变,是行政法治运动的主要特征之一,这是一种对本民族的法律传统的尊重。行政法治的演变性价值主要表现在三个方面:一是它具有凝聚的功能。由于某一特定社会的法律传统出于同一源头,因而使生活在这一传统下的社会成员,形成了从种族学意义上讲是共同的或相似的民族法律文化心理。这种民族法律文化心理体现了世代相传的亲缘意识,从而强化了社会成员彼此之间的认同感,起到了凝聚社会的作用。二是法律传统具有规范的功能。社会调整机制是多种多样的,由于法律传统往往表现为世代相传的习俗与行为惯例,因而在一定条件下,它可以起到规范社会成员行为的作用。尽管法律传统的规范性不具有国家强制性,但是由于在法律传统中,凝结着社会成员对往昔法律现象、经验或祖先的某种程度的崇敬,因此,人们往往会有意识地以法律传统为参照来指导自己的行为。三是法律传统具有评价的功能。由于法律传统是世世代代的人们在长期的交往过程中积累起来的生活经验和交往惯例的聚合体,因此,法律传统对人的行为是否具有合理性或正当性的评价,是一种带有伦理道德色彩的评价,它借助于某些流传下来的共同道德准则,来对人们行为的合理性进行道德判断。

(2)突变

行政法治的突变原因可能有两种,一是自发的,二是诱发的。突变的结果表现为结构的部分调整与全部重构。通常而言,一国实现行政法治,不能经由打破传统而实现,只能经由对传统的创造性改造才能得以实现,因此,行政法治的运动形态多表现为温和的、演变型的,即使产生突变,也只是一种自发性突变。但是,倘若出现政权的更替,或者同一政权内部政治的主张、主导理论发生重大变化时,那么,难免就会产生诱发型行政法治突变,从而使得整个行政法治结构、行政法价值取向、行政法机制、行政法功能与行政法方法等都在短时期内发生较大变化。

行政法治的演变是必然的、经常性的,而突变则是偶然的、罕见的。但是,突变或者是演变逐渐积累的产物,是量变基础上的质变;或者纯粹由于外来力量而致的结构与功能剧变,因此,突变既可能是社会出现较大波动的结果,也可能是导致社会出现较大波动的原因。

每个国家都毫无例外地经历过行政法治的突变——尤其是司法审查制度的确立、行政程序法的确定、公共行政的较大改革等,都可以视为突变的结果。当然,导致这种突变的原因,既可能是自发的,是行政法治实践长期演变的集中体现,譬如美国联邦行政程序法的制定,就是自然公正原则、正当法律程序原则等长期作用的结果;也可能是诱发式的,例如法律移植。

每一种法律文明系统都是自成一体的,造成法律文明多样性和相对一体化的重要原因之一，就在于在一定的法律文明圈中存在着独立的文化隔离机制，它是使一定地域或国度的法律文明成为独立形态的基本要素。从文化发生学意义上讲，法律文明的隔离机制最初是与地理环境相联结的，所以，在法律文明的比较研究中，人们总是力图把一定的地理环境看作是构成法律文明差异性的中介。但是，只有开放式的、交互性的法律文明系统，才是富有生命和活力的有机系统，而闭关自守、盲目排外，必然导致法律文明进步张力的丧失。

通常而言，行政法治的演变与突变之间并不矛盾。行政法治多在长期演变的基础上实现突变，突变之后又面临着新的渐次演变。但是，二者之间的张力也是不言自明的。尤其在缺少法治传统的中国，要实现行政法治，就必然要正视行政法治演变与突变之间的矛盾。

传统中国社会基础的明显特点是家庭制度的发达，专制政体历史运动的惯性力量来自以家庭血缘关系为根基的宗法社会，而这显然要与“人人平等”的行政法治精神相背离。在中国法律现代化的历史长河中，传统法制与现代化法制的相互排斥是显而易见的，中国很难在短期内通过演变去实现行政法治，因此，就必然要通过一些超越常规演变逻辑的突变来实现，譬如确立司法审查制度、正当程序理念、国家赔偿制度等，这种突变尽管并非一种行政法治内部的自发式突变，但是，它却是民主政治与市场经济的必然产物。

中国现已具备突变的经济条件与民主政治基础，中国传统法律文化创造性转换的根本动力，来自商品经济和民主政治建设所形成的强大动力，特别是商品经济的推动作用。新型的现代法制系统只有在现代商品经济的基础上，才能够确立和建构起来。

重构新型的现代法制系统，绝不是在过去小农式的自然经济轨道上滑行，而是要适应商品经济要求对传统法制进行创造性、根本性的改革或革新。但是，倘若操之过急，则可能适得其反，因为，行政预期并非凭空而生，它具有天然的连续性。

在生活实践中一切对于未来的预期都必须建立在对于昨天的确认和记忆上，正是这种比较恒定的预期给人们带来一种秩序感，一种规则感。而任何变革，无论是如何精心安排和设计，都必定具有超越至少是普通人掌握和预测能力之外的变化，都可能破坏普通人基于对昨天的记忆而建立起来的预期。

因此，中国推进行政法治建设，必须处理好行政法治演变、突变的时间维度内部关系，并以和谐的逻辑结构表现出来。

（二）实质法治与形式法治

法治与正义的关系，是法治概念及其理论形成以来为思想家们、法学家们所关注、讨论、辩争的重大问题。观察今日中国的法治理论，不难发现，在这一重大问题上，也存在一些分歧，需要予以分析和探究。“实质法治”与“形式法治”是最近十多年来逐渐流行起来的两个概念。围绕这两个概念，法治理论方面的学者展开了很有意义的争论。而其论争的焦点和关键，就是在法治的概念中，是否应该包含着“实质性内容”，即“实质正义”。

1.“实质法治”概念

众所周知，古希腊的亚里士多德在给法治下定义的时候，就已经在法治的概念中明确地包揽了价值的判断：法治是“已成立的法律获得普遍的服从，而大家所服从的法律又应该本身是制定得良好的法律”。“法律获得普遍的服从”，是法律的权威性的要求。而所谓“良好的法律”，当然可以依据形式上的标准加以判断，但在亚里士多德的政治哲学和伦理思想中，其判断“良法”的标准，显然是价值上的，而非形式上的。最基本的一点，“良法”必须是能够保障正义实现的法律。所以,亚里士多德对法治的界定,至少在概念上,开了"实质法治"理论的先河。

随后,古罗马的西塞罗和近代的哈林顿、洛克、孟德斯鸠、康德等,都承继了这样的法治思想传统,认为只有符合正义的、自然法的或自由、平等原则的法律,才能导向法治。20世纪的自由主义学说和新自然法学理论,也沿着同样的学理路径,坚持法治乃是"良法之治"或"正义法之治"的古代的以及古典自由主义的传统。

而更具有典型意义,同时亦引起更多争议的是1959年在印度德里召开的国际法学家大会及其所通过的《法治宣言》。这次大会提出了含义丰富的法治概念:法治是个方便词语,它涵盖了理想和实际法律经验,虽然其含义尚存争议,但在世界各地的法律职业中存有广泛的共识;法治概念背后隐含两种理想。第一,它意味着不考虑法律的内容,全部国家权力应来源于法律并应依法行使。第二,它坚持法律本身应基于对人的个性至高价值的尊重;诸多国家的法律家实际经验表明,某些原则、制度和程序是作为法治基础的理想的重要保障。但是,他们并不认为这些原则、制度和程序是这些理想仅有的保障,他们承认,在不同国家会突出强调特殊的原则、制度和程序。故法治的特征可描述为:原则、制度和程序虽不总是相同,但大体相似,世界各国法律家们的经验和传统,虽常基于不同的政治结构和经济背景,但却表明,上述原则、制度和程序对于个人抵制专断政府,对于个人维护人之为人的尊严,至关重要。这一概念无疑既包容了法治的形式特征,也包容了法治的价值底蕴。

2."形式法治"概念

从价值的层面界定法治概念的主张,或者把追求实质正义视为法治的必要条件的观点,虽然历史悠长,而且影响巨大,但是也受到了一些法学家的质疑乃至强烈批评。1951年,德裔法学家弗里德曼在《当代英国法律和社会变革》中就已表达过与“实质法治”概念不同的观点,法治简单地指‘公共秩序的存在”。它的意思是,通过法律指挥的各种工具和渠道而运行的有组织的政府。在这一意义上,所有现代社会,法西斯国家、社会主义国家和自由主义国家,都处于法治下。1955年,纯粹法学派的创始人凯尔逊也指出,法治原则并不保证政府统治之下的个人的自由,因为它所针对的并不是政府和被统治者之间的关系,而是政府内部的某种关系,亦即创造法律与应用法律这两种职能之间的关系;它的目的是使后者与前者一致。这无疑是从形式上来界定法治。

最具有代表性的批评与反对意见,出自英国分析实证主义法学家拉兹。他在其《法律的权威》一书中,针对1959年的《法治宣言》所表述的“实质法治”概念及其包含的正义思想,写下了一段反驳性的文字,如果法治意味着良法之治,那么探究它的性质就是旨在提出一套完整的社会哲学。但是倘若如此,这一语词就缺乏任何功用。若仅仅为了相信法治就在于相信善应当获胜,我们无须仰赖法治。法治是一个法律制度或者缺乏,或者不同程度拥有的一种政治理想。这是一种常见的情况。法治仅仅是一个法律制度可能拥有并据以评判该制度的德性之一。它不应与民主、正义、平等(法律上或其他方面的平等)、各种人权、尊重个人或人类尊严相混淆。一个建立在否认人权、普遍贫困、种族隔离、性别歧视、宗教迫害基础上的非民主的法律制度,可能大体上比任何一个开明的西方民主国家更符合法治的要求。这并非说前者比后者更好。它是一个极端邪恶的法律制度,但是它在一个方面是出色的:遵循法治。从这里阐述的内容来看,拉兹所提出的是一个典型的“形式法治”概念。他自己也很明了并乐于表明这一点。他说:“显然,这一法治观念是形式上的。它没有涉及法律是怎样制定的:由暴君、民主的多数人,或任何其他方法。它也没有包括基本权利、平等或正义。"按照这样的观点,按照"形式法治"概念设定的法治准则,纳粹德国、种族隔离时代的南非等背离启蒙时代以来正义理念的国家,也可以属于法治国家。这与前述弗里德曼的见解是一脉相承的。

3.对两个法治概念的取舍

对于两个法治概念,笔者认为,看似相互对立排斥的两派观点并非决然对立。事实上,在法治的原则与要素方面,它们有许多共同点。法律的一般性、普遍性、公开性,防止和限制行政专横,司法独立等,都得到了它们的共同重视和强调。同样,"实质法治"概念与"形式法治"概念,都存在各自的优点和局限。譬如拉兹指责"实质法治"概念过多涵盖了价值元素,容易使法治理论变成"一套完整的社会哲学",从而失去其任何功用。这是一个有益的忠告。但拉兹等人似乎也存在同样的问题:当法治概念摒除了价值要素并使之普适于不同政治、社会状态之下时,这个概念也就丢失了一些特殊性、特定性、限定性。随着这个概念适用范围的扩大,特别是随着这个概念更广泛地用以解释众多不同的政治与法律状态,这个概念的解释功能与导向功能也就相应地被削弱了。况且,完全在价值的要素之外去界说法治,似乎也难以把法治与法制、人治区别开来。对这些优点和局限,我们需要谨慎地审思,妥帖地对待。

第二节　行政决策法治化的理论基础

行政决策需要法治化并非毫无理论支撑,我们可以从国内外政治、法律传统中看到行政决策的法治化是符合程序正义、法治政府、协商民主理论的精神内核的,当然,为实现理论所描绘的美好图景,做到行政决策的法治化是其中重要一环。

一、程序正义的理论

首先，公开性是对决策程序正义最低限度的遵守。当公民直接依据法律享有程序性权利时，例如被告知权、听证权都会对国家权力的运行进行规制，可以保障人权。其次，程序正义是实体公正的保障，英国功利主义哲学创始人边沁认为，单独来看，一国所制定的程序法脱离其本国的实体法情况下其本身是不具备任何独立价值的，所以，程序对于行政主体来说最大的功能是工具，它唯一的目的就是最大限度实现实体法的目的。正如马克思所说，类似于植物的外形和植物的关系，动物外形和血肉的关系，审判程序和法的关系密不可分，审判程序是法律的生命形式，是法律内部生命的表现。实体的公正只有通过程序的正义才能实现。最后，程序正义促进现代公民精神的培育，民主和法治观念深入人心是现代公民精神的内核，法律上保证公民积极参与行政过程实际上是行政主体行使行政权与相对人互动的过程，它意味着行政相对人不再是行政活动中被动的受体，而是通过反复沟通与交流将行政意志融入相对人意志，将相对人意志吸收到行政意志中，使裁判结果的可接受性极大增强。没有公开则无所谓正义，公开原则长期以来被视为程序正义的基准，也是现代民主的题中应有之义，政府与公民的关系早已从命令与服从的对抗关系转为服务与合作的信任关系。程序正义促进行政决策过程的公开，使得正义不仅会实现，还会以人们看得见的方式实现，程序正义保障公众参与的同时就是在每个公民内心栽培下民主与法治种子的时刻。

在社会交往过程中，按程序办事可以简化相应各方的社会关系，使大家的行动步骤准确有序、简单明了，当然，程序也可以理解为对有对抗关系的各方进行缓冲的装置，按程序办事使行政机关办事员免于无端的指责，按程序申请让当事人理直气壮对行政机关提出要求，当然，前者对于行政决策者承担改革风险更为重要，所以，在现代多元的社会中，我们有必要重新审视程序的价值和意义。

二、法治政府理论

法治政府理论姑且作为行政决策法治化的理论依据之一。

政府以行政决策的方式推动社会前进，尤其在中国，这是很有必要的。经济要发展、社会要进步、人民要温饱、公众要满意。为了实现这众多的目标，根据我国特有的国情，通过一个强有力的政府倾举国之力制定某些特殊政策发展经济，解决问题，也就在中国这样的国家才有可能性，例如为解决全国水资源分配不均实行的南水北调，为抗洪和发电修建三峡大坝，为提高全国人民出行效率修建的贯穿全国东西和南北的各条公路和铁路。这些飞速发展的基础设施曾经都是以决策形式形成于中央的文件之中，再精确到各部门去各司其职，有负责建设的，有负责拆迁的等，这些再细化下来的每个行动之中难免会有对某些公民权利产生实质影响的决策。但是事情既然要办理，还要保持一定的进度使之进行下去，不能太快，也不要太慢，在实现社会治理的目标过程中我们的人民又往往表现出不是行动得过多，就是行动得太少，十万只手臂有时候可以推翻一切，但是十万只脚有时候只能像昆虫那样前进。所以说保证既定目标的达成需要以法律形式对各项行动的执行顺序和期间作出法律规定，行政合法性原则作为行政过程中的一个极为重要的原则之一，它要求行政权力的运行要在法律既定范围之内，一个行政行为的作出不仅要符合法律规范，而且要符合公平正义的法治精神。

作为行政行为之一的行政决策，由于它的先行作用，在决策作出之后必定是跟随着一连串具体到影响某些个人的行政行为，如果不从源头上给予决策本身合法性和自我约束性，那具体到相对个人的利益维护就无从谈起。法治政府的理论与实践首先就是从理顺行政与法的关系问题开始的。如何建立有效的制约与激励机制使政府总是维持向善倾向是学者与哲人们一直思考的问题。既然人性的非理性倾向使得社会总是处于政府管理之下,既然政府是无法避免的,基于趋利避害法则,人类在政府产生之日就在探索什么是好的政府制度,结论就是:法治。

法治一词,是现代国家的基本特征,它的核心价值应是维护公民权利,防止公共权力异化。在成熟的市民社会里,在实行宪政的国家实现人民主权后,行政法治就成为法治实践的主要内容了。行政权本身的行使固然困难重重,就如孟德斯鸠说的那样,治理一个国家最需要智慧和谨慎行使的权力莫过于规定臣民应缴纳多少财产,衡量其应保留的份额了,因为对公民私有财产的合法剥夺需要更高立法技术以及对各项因素能纵观全局的考察能力。但是行政权的自身特点决定了其比其他任何权力更需要受到控制。第一,行政权属于执行权,它不同于立法权那样,因为立法权的实行不直接接触公民,行政权的职责内容具有管理性质,这种管理的对象就是公民个人,在它积极主动干预公民私人生活过程中公民的权利会受到或有利或有弊的直接影响,所以权力天然的扩张性需要行政权得到必要控制。第二,行政权需要根据不同的情况作出应对,它具有应变性,行政主体为达到行政目的就需要根据社会合理期待调整政策实行的力度和方式,提高自己行政效率,适应社会变迁情势,这就要求加强规范和控制,使行政权在法律的框架内运行。第三,行政权总是由人组成的机构来行使,本身这个机构就可能有特定利益关联,个人在面对社会矛盾时也容易具有倾向性,因为至少政府更关心自己的行政目标和绩效,所以需要控制其中的倾向性符合法治精神。权力的两面性表现在:一方面,它的存在是为了维护公共秩序;另一方面,权力作为一种强制他人服从的力量,其运用意味着公民享受公共利益的同时也要承受相应的代价。

多元开放的现代社会,政府权力的行使必然应有明确的边界,不论掌权者在行使权力时的动机是多么高尚，权力天然膨胀的倾向使得只要是权力就不可避免地会流于专横。行政决策的科学化、民主化是内含于行政决策法治化之中的，行政决策的科学化要求利用现代科学、合理的技术最大限度降低行政决策的非理性和认识偏差，行政决策民主化指的是采取措施保障公民、专家、社团组织充分参与决策，使之最大限度反映和满足民意和社会需求。行政决策法治化当之无愧是建设法治政府的重要内容之一。法治政府是有限政府、服务政府、开放政府、诚信政府和责任政府的统一：有限政府要求行政决策行为在法定权限范围内行使，不得越权作为，当然也不得无故弃权不作为；服务政府要求行政决策坚守行政为民理念，为群众谋取福利；开放政府又称阳光政府，它要求行政决策的依据、过程及结果公开，在群众监督之下使正义不仅会实现，而且以看得见的方式实现；诚信政府要求行政决策公布的信息全面、准确、真实，不会朝令夕改给群众造成损失，同时使政府自身失信于民；责任政府是针对长期以来，决策者不承担决策失误的责任而盲目决策、瞎指挥现象，正如哈耶克说的那样，欲使责任有效，责任还必须是个人的责任，强调决策失误的个人追责以减少决策者将风险平摊给整个部门以利用法不责众使自己规避风险的可能性。法律应是有效率的，受到普遍遵循的，能有效地协调各种社会力量谋取公民的幸福、国家的富强，亦即孟德斯鸠所说的，当每个人自以为是奔向个人利益的时候，就是走向了公共利益。如果政府是一个宽和的政府，那么政治自由便是这个政府的常态，当然，政治自由也不是长期驻足于这个政府里，它存在于当且只有在政府不随意滥用它的权力之时，然而，一个所有人都达成共识的认识就是权力都有被滥用的可能，有权之人行使权力一直到有界限的地方才休止。

三、协商民主理论

协商民主理论强调了关于协商民主两个最为基础的信念：第一，民主是一种对公共政策进行讨论、协商的制度,政治决策最好是通过广泛的协商来作出,而不是通过金钱和权力;第二,在协商过程中参与者应该尽可能平等而且尽可能广泛。协商民主理论强调公民集体决策和参与协商的能力、权利和机会。

对于行政决策来说,协商的价值表现在以下几方面:第一,决策在协商的过程中能够包容所有受其影响的利益各方,使得任何人在不具备天然超越任何其他人的优先性的前提下参与政治讨论。公民关于集体的观念和形成的集体意志也是通过商谈中所包含思想的你来我往搭建而成,这是天然地承认了公民的参与权,公民美德也由此顺其自然地培育而成并且得到历练。第二,行政决策的结果是有可能通过共同协商得到改善的。公共协商的工具性价值表现在,它有利于我们作出高质量的决策,对问题进行多方面讨论和协商的过程会使我们批判性理解待决策事项的复杂情况。对公民提出的可选择性建议中的闪光部分进行善意的讨论和理性的思考首先是对言论自由的尊重,这也进一步彰显了社会公正。第三,决策在作出后自身需要携带的一个重要属性就是合法性,讨论、听证、审议等协商民主的过程就是赋予决策合法性的有效方式。决策表决中的少数服从多数不仅仅是由于其代表多数人的意愿而使它具有政治合法性,而且一般情况下这是基于集体的理性反思结果,这种反思是通过公民首先在政治上有机会平等参与这个尊重所有公民道德和实践关怀的政策确定的活动而完成的,所以理性的民主协商能够证明决策结果的正当性。

协商民主作为一种理论和制度上的创新,它的出现主要是针对“票决式民主”的弊端进行反思和批判的结果,因为只看选票数量统计结果越来越得到人们的批判,这种严格的程序化违背了立法原意,绝对数量的多数人所表达的意见进行聚合的结果未必是最公正的,如果多数人投票形成的公共决定会对少数人的合法权利进行形式上合法的挤压,那么这种民主就不是一个好的制度,失去发言和争取自身权益的少数人的人权保障无以为继,所以这种情况下的公共决策是对民主内涵中理性交流功能的损害。所以针对票决式民主的替代性方案就是强调参与者具有理性思维情况下,严肃认真参与讨论,提出负责任的方案的协商民主,这使得行政决策是在一种相互理解,认识对方立场的情况下作出的,那么协商中的讨论就被赋予一种神奇的功能,就是参与者之间通过阐述理由、进行说服、寻求共识而提升决策正当化和理性化的功能。

第三章 我国行政决策合法性分析

社会生活中各种事项都离不开决策，小到个人、家庭，大到社会、国家，每一个决策主体都从未停止决策的过程。人类的历史也是一个不断决策、不断进步的过程，决策决定了战争与和平，决定了繁荣与衰落，甚至决定了人类文明的走向。在所有的决策分类中，行政决策无疑是最为重要的决策之一，尤其在以公有制经济为主体的中国，行政决策无论从影响范围、影响深度、社会关注度等方面都具有无可替代的地位，其他任何决策都难以望其项背。行政决策的成功或者失败往往会对其决策范围内政治、社会、经济、民生等产生重大影响，类似的报道更是屡见不鲜，即使一个看似很小的行政决策也会相关公众的权益产生极大影响。

第一节 行政决策主体的合法性分析

一、行政决策主体合法概述

依法行政是现代法治社会的基本要求，是行政法最重要的基本原则，其要求国家机关和工作人员在法定的职权范围内管理相应的事务，严格按照上位法规定的权限、程序行事，并接受相应的监督，确保行政权力在一定范围内行使，防止行政权力的肆意扩大。作为国家权力之一的行政权力，是一种强大的支配力量和调控力量它在行使过程中具有扩张和滥用的顽强倾向，必须纳入法律制度框架中加以明确有效的定位、监督和制约，即实现行政权力的法定化，才有利于实现法治状态。行政职权应当是行政权力法定化的具体表现。衡量行政决策是否合法时,既要判断是否符合依法行政原则,是否在法律授权范围内行事,并且不与上位法冲突。作为一种常见的政府行为,行政决策理应遵守依法行政的原则,这是行政决策合法性的首要判断标准。以人民主权的观点来看,行政机关的权力是由人民让渡出来的,是被人民所授权而不是天然具有的权力。国家通过契约获得了一定的授权,而这种权利的目的是维护公共安全、防卫、健康、福利等公共利益。人民通过代议机构制定法律,行政机关的职权由人民制定的法律予以授予。只有经过法律的授予,行政机关才具有合法的行政地位,才具有相应的行政职权。人民通过行使立法权把行政职权规定在一定的范围内,约束行政权,以防止行政权超越边界行使,进而损害公共利益。

二、行政决策主体合法的要求

王名扬教授认为分析行政职权有三个步骤:这三个步骤对应行政职权的三个层次,分别是:①确认行政管辖权,判断行政主体是否有法律的授权,是不是法律明确规定的行权主体,是否有法律的授权对某种行政事项进行管理。②具有相应事务的管理权限,判断是合格的行权主体后,依法确认行政机关有权管理的事务,明确其职权界限。③明确具体的管理方法程序,这是指行政机关行使行政职权具体采取的方式、措施。

三个层次内在逻辑顺序清晰,共同构成了完整的行政职权确定方法。缺少了任何一层都将构成越权。下面就将以这三个层次分析区政府的行政权,以此判断行政决策主体是否合法。

三、案例导入

2011年1月10日,中央电视台《焦点访谈》播出《我的牌匾谁的门面》,曝光山西省太原市杏花岭区人民政府强制统一街道牌匾的行为。该区政府发出通知,对几条主要街道户外牌匾进行彻底整治,规定一定规格、一定标准、完成时间,以便提升政区形象迎接第六届中部投资贸易博览。全部住户要因此承担大约上千万元的费用。

以此案例对行政决策合法性进行分析,首先对行政决策主体的合法性进行分析。

(一)判断管辖权

需要确定区政府是否具有合法的行政法主体资格和行政决策主体资格。行政法主体即指行政法调整的各种行政关系的参加人——组织和个人。作为行政法主体的组织首先指国家行政机关。行政机关是影响力最为重大的一种行政法主体。行政管理是整个行政管理关系的核心,在行政管理中行政主体是最重要主体。分析行政主体合法性首先要来寻找是否有相关的法律依据证明区政府是不是合格的行政决策主体。我国行政决策主体的法律依据主要在《国务院组织法》和《地方各级人民代表大会和地方各级人民政府组织法》两部法律。其中《地方各级人民代表大会和地方各级人民政府组织法》明确规定地方各级政府是地方人大的执行机关,具有行政权。区政府涵盖在地方各级人民政府之中,按照逻辑分析,区政府是一级国家行政机关,这一条规定直接赋予区政府行政主体资格,有权管理当地社会公共事务,也必然包括行政决策。从主体角度分析,区政府主体合法。

(二)分析区政府是否具有相应的具体事务管理权限

行政行为可以按照依申请、依职权和其他进行分类。依职权行政行为,或者称主动性行政行为、积极行政行为,是指行政主体依据其所具有的法定行政职权即再直接作出而不需要行政相对人的申请作为自动前提条件的行政行为。区政府发布通知整治牌区属于依职权的行政行为,行政法强调对公法的制约"法无规定即禁止",因此区政府若要依职权行为必须取得相应的授权。根据我国《宪法》规定,县级以上地方各级人民政府依照法律规定的权限管理本行政区域内的,发布决定和命令任免、培训、考核和奖惩行政工作人员。从宪法角度分析,看似区政府有权发布决定,但是要遵守一个前提,即“法律规定的权限”,这无疑限制了政府权力,只能在权限范围内管理区域事务。那么现在就需要寻找有无法律规定的权限。《中华人民共和国地方各级人民代表大会和地方各级人民政府组织法》(以下简称《地方政府组织法》)规定县级以上的地方各级人民政府行使下列职权:执行国民经济和社会发展计划、预算,管理本行政区域内的经济、教育、科学、文化、卫生、体育事业、环境和资源保护、城乡建设事业和财政、民政、公安、民族事务、司法行政、监察、计划生育等行政工作。《地方政府组织法》是全国人民代表大会制定的法律,属于基本法范畴,地位仅次于宪法,属于宪法规定的法律。从规定的具体内容来看,整治城市牌匾属于卫生行政工作或者城乡建设事业,符合宪法和法律的规定,因此认为权限合法。国务院《城市市容和环境卫生管理条例》是有关城市市容的行政法规,依据其规定,省级行政单位和较大的市有权自行制定实施细则。《太原市市容和环境卫生管理办法》第三条规定,市人民政府市容环境卫生行政主管部门负责全市市容和环境卫生管理工作。县(市、区)人民政府市容环境卫生行政主管部门负责本行政区域内的市容和环境卫生管理工作。镇(乡)人民政府、街道办事处负责本辖区内的市容和环境卫生管理工作。综合来看,从优先级最高的宪法,到地方政府规章,区政府整治牌匾的行为有据可循,符合宪法、法律、行政法规、规章的规定,并且没有越权,符合法律保留和法律优先的原则。

(三)分析具体的管理方式

《太原市市容和环境卫生管理办法》明确规定了县区一级行政管理部门有权责令停止违法行为,要求违反管理办法的组织和个人限期清理、拆除或者采取其他补救措施等,该管理办法属于地方政府规章,作为对行政规章的细化操作规则,赋予区政府在辖区内具体执行相关事务的权力,符合法律规定。以王名扬教授的三层次方法进行分析,杏花岭区人民政府统一更换牌匾的行为符合要求,从主体到职权再到具体措施,每一项都有法律法规的明文规定,不违反现行法律法规。

第二节 行政决策程序的合法性分析

一、行政法正当程序理论依据

正当程序原则是现代法治社会的重要标志,追根溯源,英国法中的“自然正义”以及后来的美国法的“正当法律程序”是正当程序的起源。“自然正义”包括两方面内容:①排除偏见,即任何人不能作为自己案件的法官。②听取意见,即人们的辩护必须公平地听取。“正当法律程序”是指未经过正当的法律程序,任何人的生命或是自由或是财产都不得被剥夺。进入20世纪,西方社会依据正当程序理论逐渐建立起具体的行政法程序,从国家立法上把正当程序确立为行政法的基本原则。

行政法一直把正当程序原则作为一项基本原则。法的基本原则是体现法的根本价值的原则。正当程序作为行政法的一项基本原则。同样源于它从根本上承载了现代行政程序的基本价值追求——程序正义,是确保程序正义在行政权力运行中得以实现的重要保障。程序的价值在不同学派有着不同价值。以边沁为代表的功利派学者认为程序本身并无价值,只是为最终的实体正义服务。以罗尔斯为代表的学者认为程序并非实现某种目标的工具,程序具有某些独立于最终结果之外的价值。笔者认同程序本位主义,程序的设置不应当只是为了实现某种既定目标,而是其本身具有独立的价值,严格执行相应程序无论是否达到最终预期目标,本身就是正义的体现。《行政处罚法》规定:“行政机关在作出行政处罚决定之前,应当告知当事人作出行政处罚决定的事实、理由及依据,并告知当事人依法享有的权利。”以这条规定进行现实假设,在遇到某些明显行政违法的情形时,行政相对人对处罚没有任何异议,但即使如此,行政机关依然要严格按照法律规定,做出处罚决定之前告知当事人处罚决定的事实、理由及依据等等,而不能因行政相对人没有异议就省略必要的程序。如果按照程序工具论的观点,这样的告知行为是无意义的,无论是否执行此程序最终的处理结果并无影响。但是这样的程序恰恰体现了现代法治的要求,法律公平地适用于地域内每一个公民,不以行为后行政机关和当事人所产生的主观预期决定最终效果,而是严格按照法律逻辑推理,类似于数学函数的运算过程,程序始终固定不变,把现实中不同的情形作为条件带入程序中,经过逻辑推理最终得到相应的结果。由于历史原因和现实条件的制约,我国行政机关还难以完全做到公平、公正、公开,自由裁量权的行使往往受到其他因素的影响,而非完全依据法律法规的具体规定。另外,社会公众对政府行政的程序透明度要求也越来越高,即使行政机关做出了符合正义的决策,但没有履行法定要求的程序,也依然难以让社会公众信服。因此程序正义显得尤为重要,是建立法治社会的重要一环,也是提高公民对政府信任的重要途径。①

探讨行政程序合法性问题时有必要区分“正当程序”和“法定程序”。法定程序是法律规定的行政必要的“操作规范”,但目前我国没有制定行政程序法,行政程序分散在各个单行法中。由于法律滞后于社会发展,现有规定难以满足现实生活的需求,往往在程序方面有很多的空白,因此要明确“正当程序”和“法定程序”的关系:正当程序和法定程序在适用范围上具有互补性,正当程序主要适用于没有法律程序的明确规定(即法定程序)的情形。

①刘大千.我国重大行政决策合法性审查制度研究[D].南京:中共江苏省委党校,2022.

如果成文法没有作出详细规定，或者根本没有关于行政程序的规定时，行政机关不能因此认为自己不受任何程序的限制，而应遵守正当法律程序。这意味着，当没有法律程序的明确规定时，甚或根本没有任何法律的规定时，程序的正当性就成为行政行为合法的根基。

二、行政决策程序合法的要求

(一)行政决策中的政府信息公开

法理上的行政决策信息公开含义为行政机关根据不同情形主动或者因申请而公开行政决策有关信息，若要实现公众参与，决策信息公开是必不可少的条件。信息公开与公众参与是行政决策程序的两项基本原则。公开是现代民主社会和阳光政府的基本要求。《行政处罚法》《行政复议法》《行政许可法》正式确立了公开制度，2019年修改并实施的《政府信息公开条例》更是把信息公开提升到了一个新高度，从指导思想、公开范围、公开方式、监督等方式建立了具体的制度，使得公开有了严格的操作程序，对于建立透明的政府，平衡政群力量对比有重要意义。决策的首要前提是信息的获得，决策的过程就是依据所知的信息结合自己的利益喜好所作出的决定，公众只有获得了充分信息，尤其是知晓行政机关引用的相关法律法规，和涉及自身利益的相关资料，重要分析数据和统计报表，专家建议等，才能更好地保护自己的合法权益，才有可能做到理性决策，不被诱导、欺骗。政府信息公开是公众参与的前提条件。由于政府代表着国家公权力，在资源获取、信息更新等方面有着不可比拟的优势，行政相对人通常处于弱势一方，除政府公开信息外，社会公众难以通过其他渠道知晓相关信息，造成信息不对称，难以参与到行政活动中去。

(二)行政决策中的公民参与

公众参与是行政决策程序的另一项重要内容。这一原则保障了行政相对人的行政法主体地位,能够真正成为参与行政决策的主体之一,摆脱了被行政机关忽略、支配的地位。如果组织良好,公共管理的合理性可以因公众参与而增强。民主性是公民参与最大的价值体现。不断增强的公民参与通过发展公民与政府间新的沟通渠道并保证对政府的监督,来增进政府以及公共管理者的责任。而更加有力的公民参与还促进了公民对政府决策的接受性,这就为政府提供了合法性的基础。

公民参与的核心实质是为了实现行政决策的民主化。民主化在行政决策中的含义是指行政决策主体,在决策过程中与社会公众保持密切的联系,最大限度地让人民群众参与决策,使人民群众能够通过各种有效的信息渠道,充分表达对各种行政决策选择方案的意见和建议,达到决策体制符合民愿、决策目标符合民情、决策方式考虑民力、决策过程尊重民意、决策结果顺应民心,最终实现最广大人民群众根本利益的政策行为。公众尤其是行政相对人是行政决策民主化的主要力量,这是因为公众在现代代议制度中只能解决国家、社会的重大问题,无法解决公众在社会生活中遇到的微观问题。缺少了公众参与,民主的本质难以实现,政府容易失去公众的信任,行政决策的实质合理性无法保证,也更加难以实现。

公民进行行政参与主要有现场询问、听证会、公开征求意见等方式。政府在行政决策的过程中往往要邀请有关专家、学者参与讨论,咨询以增加决策的科学性、合理性,并以此为理由排除公众的参加。但是专家、学者的意见并不能代替公众的意见。行政决策涉及行政相对人的利益,决策的过程是多元利益相互平衡、博弈的过程,公众自身作为独立主体,其利益诉求不能被代替,理应由自己享有。“公众参与的核心在于其有效性,通常表现为参与者的心理上的“成就感”和参与者对政策的实际影响。”公众参与也是行政决策的必要程序,且不论结果如何,保障程序本身就是正义的客观要求。

(三)行政决策科学化方式

行政决策的科学化或者科学决策,是指行政决策在科学的决策理论指导下,按照科学的决策程序、运用科学的决策方法进行决策,包括决策体制的科学化、决策程序的科学化、决策方式的科学化。从内容上来看,行政决策具有技术和专业性特征,因而其科学化需求更加强烈。之前简单的拍脑袋式决策已经无法满足现代政府决策需要,专家是一个领域的权威,通常拥有最新的知识、更坚实的理论基础以及更高的视野,专家作为一方独立主体参与行政决策过程有助于帮助政府减少经验主义所产生的负面影响,提升行政决策的科学性。行政决策专家科学性体现在下面两个方面:一是行政决策的事实性依据,包括有关方面的调查报告统计数据等,而且这些数据、报告可以被公开,作为政府信息披露,一方面可以作为检验事实准确的材料,另一方面公众在获得这些信息后有助于帮助他们作出自己合理的决策。二是协助决策作出的专业知识,如管理学经济学等等学科的分析方法例如分析法、效果预测、风险收益对比法等,对这些方法使用进行决策时应当进行明示,把分析结果作为决策依据公示步骤与结果产生的过程。现代社会事务纷繁复杂、千变万化,需要政府运用高技术决策的事项越来越多,因此政府应当建立长期服务于政府决策的高水平“智囊团”,这是政府准确履行职能、顺利完成决策的智慧保障。

科学性并不单纯只是专家的参与,这里需要区分决策所依赖的两种不同类型的知识:一类是关于价值偏好和决策目标设定所需要的知识。在这方面,公众具有知识上的优势;另一类是关于政策目标实现手段或技术方案所需要的知识在这方面专家具有知识优势,公众在行政决策中具有特殊的重要性,公众参与和科学化方式之间不是相互独立的关系,二者具有紧密关联性。对于行政决策来讲,其过程不只是合理决定一个效率最高最符合预期的过程,更是在不同利益代表之间需求相对平衡,使公平最大体现的过程。以现代社会和法治政府方面分析,决策不仅仅需要符合成文法规定,同时也需要符合实质民主和科学。公众参与其中表达利益诉求是理性要求的必要要素,因为公众是行政决策的承受者,会切身考虑自己的利益,争取自身利益最大化,任何其他主体都无法代替公众的科学决策价值,也不可能代替公众实现理性要求。

(四)统一更换商铺招牌行为的程序不合法

此处依然以山西省太原市杏花岭区人民政府强制统一街道牌匾的行为为例分析行政决策程序的合法性。

首先,区人民政府该项行政决策不符合信息公开要求。根据《政府信息公开条例》规定,涉及公民、法人或者其他组织切身利益的以及需要社会公众广泛知晓的事项,属于政府主动应当公开的信息。《政府信息公开条例》也对公开的具体程序作了明确规定"属于主动公开范围的政府信息,应当自该政府信息形成或者变更之日起20个工作日内予以公开"。

强制统一更换街道牌匾的影响范围包括公民、法人或者其他组织,涉及自主经营权、财产权等基本权利,属于其切身利益,符合《政府信息公开条例》规定的政府主动公开事项,应当在该信息形成20日之内主动公开。2010年10月,太原市政府下发了《关于集中整治户外广告的通知》,要求在2011年1月15日之前,完成店名牌匾橱窗广告的集中清理整治和规范。为此,从2010年11月17日开始,杏花岭区专门开展了"城乡清洁工程百日专项整治行动",而对于户外广告的综合整治,区里提出了自己的实施细则:要高标准规范门头牌匾和橱窗广告。从以上时间可以看出,2010年10月杏花岭区政府就已经接到了上级通知,2010年11月17日就已经形成了该信息,应当主动公开。可是2010年11月23日才发出要求拆除旧牌匾的通知，并且要求行政相对人两日内完成拆除。可以看到，在信息已经形成的情况下，政府并没有在规定的时间内主动公开相关信息，要求住户街道通知两日内完成拆除工作时间过于仓促，没有留出必要的准备时间，甚至有住户反映当时自己并不在店内，再次回到店里时，自己原先的牌匾早就不见了踪影。政府没有在规定的时间内按照行政法规的规定主动公开信息，是一种违法行为。

其次，该项行政决策没有符合公众参与要求。更换牌匾中所涉及的价格事项属于法定召开听证会的事项之一，杏花岭区人民政府针对此项决策没有举行过听证会，不符合法律要求。除此之外，在决策过程中，行政机关也没有提供其他公众参与的途径，比如询问、座谈、调查等，不符合相关规定，因此笔者认为区人民政府的整个行政决策过程不符合程序合法性要求。

最后，该项行政决策没有符合科学化方式要求。从杏花岭区人民政府发布公告到强制拆除牌匾，从公众角度来看，没有看到政府采取任何形式的实地检验、测量、现场统计等措施，无论新牌旧牌一律换。从政府内部角度来看，政府没有发布过任何有关于此次更换牌匾的集体讨论、专家论证、方案对比等科学化措施。这样的做法与国务院要求的决策科学精神背道而驰，明显不符合科学化的要求，甚至可以说毫无科学性可言。

政府信息公开、公众参与、科学性方式是行政决策程序合法化的三个方面。政府信息公开与公众参与相互依存：一方面，政府信息公开是公众参与的前提，只有公开了信息，公众才能对决策事项有更深刻的了解，才能基于所了解的信息作出更为理性的选择；另一方面，公众参与到决策中，增加了政府信息的价值。科学性体现在程序的每一个环节中，本质要求是运用合理方式和现代技术优化政府决策的全过程。杏花岭区人民政府在统一更换牌匾的决策过程中，没有做到政府信息公开与公众参与，整个过程完全是区人民政府单独意志的体现，没有为社会公众提供表达利益诉求的平台，同时，没有任何地方体现出决策的科学性。该项决策没有满足行政决策程序合法化的要求，程序不合法。

第三节　行政决策内容的合法性分析

一、行政决策内容的合法性要求

(一)行政决策行为的上位法分析

前文在行政决策主体合法化分析时讨论了行政机关在进行行政行为时必须有法律依据。杏花岭区政府对于城市市容、卫生管理等方面的权限由《太原市市容和环境卫生管理办法》规定。从形式上来看，区人民政府的整治市容行为有太原市地方政府规章的授权，形式合法。但是这只是合法性的一个方面，另一方面要满足法律优先和法律保留。法律优先原则和法律保留原则不同。前者是消极地禁止行政机关违反现行法律；后者是积极地要求行政活动必须有法律依据。在此意义上，法律保留原则的要求比法律优先原则更加严格。《立法法》规定任何规范性法律文件都不得与宪法相冲突，并且规定了各种规范性法律文件的层级，要求下位法不得违反上位法，违反则无效。这里以法律保留和法律优先原则，结合《立法法》来分析授予杏花岭区人民政府整治市容的规范性法律文件是否违反上位法以至于无效。

杏花岭区人民政府直接的行政依据是太原市人民政府于2010年修订实施的《太原市市容和环境卫生管理办法》，该办法属于较大的市地方政府规章，其直接上位法有太原市人大及其常委会发布的地方性法规和山西省人民政府发布的地方政府规章。太原市人大及其常委会并没有发布相应法规，而山西省人民政府在1997年修订发布的《山西省城市市容和环境卫生管理实施办法》(以下简称《办法》)，其中规定“市、县人民政府的城市市容环境卫生行政主管部门负责本辖区内的市容和环境卫生管理工作(以下简称城市市容环境卫生行政主管部门)”。依据该规定,市、县人民政府有权管理辖区内市容和环境卫生管理工作,太原市发布的《办法》属于对上位法的具体执行和实施操作细则,不违反上位法。山西省人民政府发布的《办法》属于地方政府规章,本条的规定依据为实施国务院发布的《城市市容和环境卫生管理条例》,结合本省实际情况,制定本办法。此条规定说明了此《办法》的上位法依据,即国务院发布的《城市市容和环境卫生管理条例》。省级政府的政府规章直接的上位法是行政法规和省级地方性法规。山西省地方性法规没有相关市容方面的立法,因此山西省的《办法》不违反上位法。

国务院发布的《城市市容和环境卫生管理条例》属于行政法规,上位法是宪法和法律。任何规范性法律文件都不得与宪法相抵触。我国《宪法》规定国务院有权管理城乡建设卫生工作。依据此条,国务院有最高法《宪法》的授权,可以在规定的范围内实施相应的管理职权,有权发布关于城市市容、卫生环境的行政法规。最后一项分析的就是行政法规与现行法律的冲突,法律由全国人民代表大会及其人大常务委员会,或者单独由常务委员会制定,其位阶高于行政法规,因此国务院行政法规的形式和内容都不得与法律相冲突。国务院的《城市市容和环境卫生管理条例》是关于城市市容管理位阶最高的规范性法律文件,不违反上位法。

从以上的推理可以得出结论:从杏花岭区人民政府发布通知开始,所有相关的规范性法律文件都不与上位法相抵触,都是对上位法具体实施操作规则的细化,从上位法角度分析,区人民政府的行为不违反上位法,是合法的。

(二)行政决策行为合法要求的比例原则分析

社会生活是极为复杂并且不断变化的,法律因其特性难以满足社会生活的方方面面。从法理上来看,法律具有滞后性,并且受实施者素质的影响,法律没有办法将所有行政活动和事项全部涵盖在内,法律属于人文科学,人文科学难以像自然科学一样可用数值衡量,因此衡量行政决策内容合法性除依据行政规则外,另一个重要依据则是行政法基本原则。

行政法基本原则的意义有以下几个方面:第一,行政法基本原则作为基础规范,是其他具体规则产生的基础。第二,它是体现行政法基本价值的高度抽象。第三,它具有宏观指导性,调整所有行政法律关系。第四,除了指导行政执法等行为,它还能指导行政立法。第五,在现实中,行政法基本原则可以作为断案依据。

纵观所有的行政法原则,笔者认为比例原则是衡量行政决策内容较为合理的一项原则。其含义是行政主体实施行政行为时应当要保护相对人利益,尽量减小不利影响,把达到行政目标和对相对人不利影响控制在适度的比例。比例原则对于行政机关进行行政活动体现在以下几点:首先,具有必要性。行政行为如要实施,特别是对相对人利益有不利影响的行政行为实施,必须是为了实现适当的行政目的所不可缺少的,只有这样才能实施。其次,具有适当性。行政主体要实施的行政行为,必须先要衡量相关利益。行政活动得以实施的前提是该项行政行为对于实现行政目的是适当的,最终效果是利大于弊的。最后,造成最小损害。实施行为时,应当制定多种方案,在其中衡量并选出对相对人利益影响最小的方案。

以比例原则三项具体含义逐一进行分析强制更换行为,第一,采取行为之前先要明确所要达到的行政目的。杏花岭区人民政府是为了执行《太原市人民政府关于集中整治户外广告的通告》,太原市之所以发出这个通告是为了迎接即将到来的中部博览会,可以理解为最终目的是让城市看起来美观,不因为牌匾的陈旧破损影响城市整体形象。从这样的目的来看,是没有必要整条街全部更换牌匾的,样式各异、不统一并不等于不美观,不会因此影响城市形象，倘若只有统一才为美观，那么中国大部分城市恐怕都只能沦为不美观一类。政府只需对严重破损的牌匾进行个别重置就可以达到效果，完全没有必要全部更换，明显政府的行为超过了必要的限度。第二，从适当性来看，要进行一个利益衡量，那么政府从中得到了什么呢？最直观的是政府所追求的城市美观，达到甚至超出了政府预期。再看作为行政相对人的临街住户利益有何变化，牌匾统一更新，表面上美化市容，但问题是这样的更换未必符合每个人的利益预期，甚至有些住户因为更换牌匾而损失相应的利益。另一方面就是费用支出，据报道，住户为这一项置换工程大约花费1200万。花费如此巨大的金钱，可是并没有得到预期的利益，可能是形象、金钱的双损失，对于住户来讲，其利益受到了非常大的损失，以行政相对人的巨大付出换取值得商榷的政绩目标，适当性值得质疑。第三，最小损害原则和第一点有类似之处，完全没有必要整条街不加区分一刀切，只需要对有更换必要的住户进行重置就可以达到目标。综合比例原则三项来分析，统一更换牌匾的行为不符合比例原则。

二、更换商铺牌匾行为的内容不合法

通过上文分析，对商铺牌匾的管理行为是市容管理的一部分，杏花岭区人民政府对市容管理有上位法依据，符合行政决策上位法要求。但是区人民政府为了达到管理目的，对行政相对人的合法权益造成了极大损失，并且这种损失可以通过选择其他方案予以避免，违反了行政法比例原则。综上所述，统一更换牌匾的决策行为不符合行政决策内容合法性的要求。

三、行政决策程序与内容的关系

行政决策程序和内容、民主化与科学化之间，并不是完全孤立的关系，而是你中有我，我中有你，彼此不可或缺。决策程序合法有对民主、科学的要求，内容合法的实质是民主决策、科学决策、程序合法的同时为内容合法提供了坚实的基础。因此可以淡化对阶段的区分,而更偏向于实质区分,可以概括为依法决策、民主决策、科学决策。依法决策强调行政权限,强调行政机关职能依据现行法进行行政活动。之所以这样说,是因为在现代代议制度,人民投票选出议会,成为国家权力机关,议会制定法律赋予行政机关行政权,政府为人民服务。因为获得代表国家意志的议会授权,所以政府具有权威性和正当性。决策的民主化意义在于通过公众参与行政活动,可使得不同的利益需求在行政活动中得以体现、协调。程序和内容在这里相辅相成,公众的参与是程序的要求,同时也是内容合理的必要条件。公众对于行政决策的最终效果虽然没有最终决定权,但因为公众参与决策,所以公众对于决策的认可度以及对政府的信任度将会得到提升。科学决策是一个内含科学机制、正当程序与先进技术的决策制定过程,这个过程通过技术理性的引入,为行政目标的实现选择最有效的、科学化的手段,可使行政决策在理性化基础上获得正当化,这正是行政过程"科学决策"的基本要求。

第四章 我国行政决策法治化的发展状况

行政决策法治化战略选择理论,即关于发展思路、发展目标、发展道路、发展模式的阐述,如何检验其真伪及“效性威胁”,本章采用“相关检验法”,即通过对温岭“民主恳谈”个案回顾的实证研究以及全国范围内遴选出的五个不同地方制度创新实践研究,初步检验了上述结论的“效度”问题,也验证了行政决策的主体制度、程序制度、监督制度以及责任制度的建构是否为当下所需且符合实践逻辑。

第一节 国外行政决策体制的经验启示

行政决策制定是行动主体在特定的制度环境下,就选定问题作出抉择的动态过程。这里所说的行政决策制定是狭义的,它与行政决策执行、行政决策监督等构成行政决策体制的完整体系。行动主体构成、制度变量、政府架构、权力配置以及决策环境等都会影响到行政决策制定。行政决策制定既是公权力正确运用的首要体现,又是评估政府能力的一个重要向度,它是行政决策体制的核心部分。

中外学者通过考察决策制定的每一个过程,将决策制定程式化,总结出各种抽象的理论模型。如戴伊认为决策制定有制度模型、过程模型、理性模型、渐进模型、团体模型、精英模型、公共选择模型以及博弈论模型。中国台湾学者伍启元则认为有理性的决策模型、最佳的决策模型、非理性主义的决策模型、有限的理性决策模型、综合的决策模型、政治协调的决策模型、渐进决策模型、个人判断与集体选择的决策模型等。这些模型通常是从议题设定、议题规划方案择优、确定方案等技术步骤来理解决策制定的。实际上,行政决策制定绝不是任何一种抽象模型所能概括的。行政决策制定是一种复杂的动态过程,是一个多种力量博弈的过程。行政政策的直接制定者如行政部门及其工作人员对行政决策制定起着最为直接的影响,但政党、利益集团、公民等在决策制定中所起的作用也是不可或缺的,他们与行政机关、立法机关、司法机关及其工作人员等共同决定了行政政策的制定。也就是说,行政决策制定是不同行动主体在不同的制度和体制环境作出的行为选择。

决策的行动主体既可能受制于内在的情感或理性因素,也可能受到外在的政治、经济、文化和社会条件的制约,从而作出不同的抉择。这里所说的行动主体如迈克尔•豪利特等人所说,包括"当选官员、任命官员、利益集团、研究机构和大众传媒"。前两者属于国家或政府行动主体,后三者属于社会行动主体。本章将借用迈克尔•豪利特等人的理论,以行动主体为分析视角,选取美国、英国、日本为研究对象,主要从行政决策中枢系统和信息咨询系统来对行政决策制定进行比较。

一、国外行政决策法治化的重要做法

(一)美国行政决策法治化的重要做法

行政决策制定不是在真空中完成的,相反,是在一个国家特定制度背景和文化环境中形成的。美国是总统制国家,其自由主义的氛围、政府架构、权力结构以及社团制度等,都影响到自身的行政决策制定。就行动主体而言,美国总统、行政机构、国会、利益集团、思想库、公民参与等,都是决定或影响行政决策制定的要素。如美国政治学者希尔斯曼所说,总统和行政系统、国会、司法部门等是"最直接的政策制定者",因而就是行政决策制定最为直接的行动主体，而利益集团、政党等则是“第二圈的政策制定者”。

1.最高行政决策权

“你要找美国政府办事，最有效的办法是找美国总统。”这虽然只是美国著名金融大鳄摩根的风趣之语，但确实是一语中的，说明总统在美国位高权重。美国是一个总统制国家，总统既是国家元首又是政府首脑，总统的权力是由宪法授予、国会的附加规定以及传统和偶发事件产生的附加权力及总统个人的禀性及能力混合而成。特定的制度设计赋予了美国总统特殊的权力，使得总统既享有国家元首的权力，也拥有作为行政首脑的权力。

美国宪法虽然没有明文规定总统为国家元首，但宪法实际上赋予了总统作为国家元首的一些权力。如美国宪法规定，总统有权“颁赐缓刑和特赦”“有权缔结条约”“应接见大使和公使”“任命大使、公使及领事、最高法院的法官，以及一切其他在本宪法中未经明定、但以后将依法律的规定而设置之合众国官员”等。

美国总统的行政权力则是宪法明确规定的。依据宪法规定：“行政权赋予美利坚合众国总统。”这一规定使得美国总统行使行政权有了法律依据，确保了总统在内政与外交决策制定中拥有至上权威。主要表现为：

一是从内政事务上来看，美国总统作为行政机构负责人和主要管理者，拥有任免官员权、赦免权、否决权、立法倡议权、发布行政命令、宣布紧急状态、编制预算、召开特别会议或下令国会休会、国内使用武力权等。

根据美国宪法规定，总统提名并经咨询参议院和取得其同意，有权任命大使、公使和领事、最高法院法官和任命手续未由本宪法另行规定而应由法律规定的合众国所有其他官员。大约有2000个职位由总统任命，直接接受总统的领导，这些人构成了行政机构的政策负责人，是决策制定的高级官员。对于低级官员的任命权，国会认为适当时，通过法律将此项权力授予总统;总统还有权委任人员填补在参议院休会期间可能出现的官员缺额。

对于免职权,美国宪法虽然没有明确规定,但1926年联邦最高法院裁决总统的任命权中包含免职权,这一裁决至今有效。不过这种免职权不是无限的,只适用于由总统任命的纯粹政治性的官员。

美国宪法规定总统有立法否决权和倡议权。根据美国宪法规定,凡是需要由参议院和众议院一致同意的命令、决议或表决(关于休会问题除外),须送交总统批准后方可生效。如总统不批准,则应将该议案同其反对意见退回最初提出该议案的议院。任何议案在送交总统后10天内(星期日除外)未经总统退回,该议案如同总统已签署一样,即成为法律,除非因国会休会而使该议案不能退回,在此种情况下,该议案不能成为法,这些就是所谓的否决权。总统还有立法倡议权,总统可以向国会提出他认为必要和妥善的措施供国会审议。但宪法规定国会自己就可以制定法律,这也就意味着国会也可以不接受总统的立法倡议。

"负责使法律切实执行"也是宪法规定的总统权力。而为了执行法律,总统有权颁布具有法律效力的各种行政命令。总统作为行政首脑可以协同各行政机构的负责人颁布行政命令,修改规章制度。与此同时,随着国会将越来越多委托立法权授予总统之后,总统借用委托立法权,发布大量的行政命令,尤其是在面临重大事变或突发事件时,总统可以采取紧急措施,作出决断,发布命令。不过这种权力不是来自宪法规定,而是来自传统惯例,它受到国会的制约。

总的说来,美国总统在内政上有着广泛的权力,尤其随着行政权力的膨胀,作为行政部门的负责人和执法者,总统制定决策的权力越来越大。

二是在与国会的博弈中,总统日益占据优势,外交权越来越大,实际上已然成为美国外交政策的决策者和主导者。美国宪法规定,总统为合众国陆海军的总司令，而且随着19世纪美国武装力量的增长，总统的外交权力也随之增长。这主要表现为：总统有权缔结条约，任命大使或派出驻外使节，接见来使，承认外国政府等；总统还掌握和控制着大量的情报人员，拥有发动战争的权力。简而言之，总统有权决定是否宣战缔约、任命或接见使节等。

在外交决策上，总统与国会之间的权力之争一直没有消停过，但总统作为最为重要的行动主体，在外交决策过程中逐渐占据主导地位。依据美国宪法规定，须经过2/3参议员投票赞同，总统才能缔结条约和任命大使，但总统可以通过签订行政协定代替缔结条约，从而摆脱国会的制约。行政协定不需要参议院批准即能生效，且与条约的法律效力没有什么区别，所以美国总统越来越多地使用行政协定代替条约，而且在行政协定数量上大大超过条约。

宣战权本来属于国会，但在很多时候总统往往越过国会宣战。200多年来，美国与外国发生过150多次战争，其中只有6次（包括1991年的海湾战争）是经过美国国会宣战的，其余都是美国总统宣战。在战争和紧急情况下，经国会授权，美国总统还可拥有更大的权力。杜鲁门甚至说道："外交政策由我决定。"据有关统计数字表明，在1948—1972年，美国总统在外交和防务政策方面拥有70%的决定权，而1986年的数字显示，美国总统在外交方面的政策要求65%以上都能得到国会支持而得以实现。

因此，希尔斯曼甚至如此说道："总统在外交事务上具有最高权力，在这一领域，总统拥有最高地位。"历史传统和众多事例都已表明，美国总统在制定对外政策和处理外交事务中长期处于支配地位。在变幻莫测的国际形势中，美国总统借助庞大的情报系统和决策团队，能够及时从众多可供选择方案的作出外交抉择。

2.行政决策制定的主体

行政机构,在很多国家称为内阁,是政策子系统的重要行动主体之一。通常来说,行政机构都是具体实施公共政策的机构,这些机构中的行政官员既是决策的执行者,同时也在决策执行中进行决策。在美国,联邦行政机构是总统的助手,行政机构只对总统负责。

美国联邦行政机构包括总统办事机构、联邦政府各部以及一些独立机构,这些行政部门都接受总统的行政领导。

(1)总统办事机构

总统办事机构是美国总统的助手和顾问班子,由总统的亲信、顾问、专家学者和行政人员组成,在各个方面上辅佐与协助总统制定决策,是行政决策的行动主体之一。总统办事机构成立于1939年,美国罗斯福总统执政时期根据国会的有关法律设立了这个机构。至2005年11月时,这个机构共有约3000名工作人员,全职雇员约1800名。

目前,美国总统的办事机构共有17个,大部分代表总统进行政策性领导工作。其中比较重要的是白宫办公厅、国内政策委员会、国家安全委员会、行政管理和预算局、中央情报局、经济顾问委员会、美国贸易代表办公室等。

白宫办公厅是美国总统办事机构的中枢,是总统处理日常工作的办事机构。它负责汇总情况,拟订方案,以备总统决策,因此通常被称之"小内阁"。办公厅由总统顾问、正副主任、总统助理等人员组成,其主要人员为总统的幕僚和亲信。白宫办公厅班子成员由总统任命,无须参议院批准,他们在决策中的地位常常超越了内阁各部长。

国内政策委员会是国内事务的决策机构,曾命名为国内事务委员会、政策发展研究室等。国内政策委员会主要职责是协助总统制定、协调和实施经济和国内政策。

国家安全委员会是根据1947年国家安全法而得以建立的,1949年划归总统办事机构,它不是真正意义上的决策机构,其基本职能是就国家安全事务向总统提出建议,协助总统协调政策和统筹政策的执行,与国务卿密切合作,协助总统制定长期的外交政策等。不过,国家安全委员会自己虽然不能制定政策,但作为总统的顾问,通过为总统提供情报和建议,实际上在美国军事和外交最高决策中发挥了不可低估的作用,因而甚至被人称为"国防内阁"。

中央情报局名义上隶属于国家安全委员会,是美国最大的情报机构。该局的主要任务是公开或秘密地收集情报,分析和评估情报,为国家安全委员会提供咨询意见。

行政管理和预算局既是总统编制和审核预算的助手,又是总统了解政府各部门活动情况的耳目。行政管理和预算局是1970年尼克松总统根据第2号改组计划建立起来的,其前身是1921年成立的预算局。该局在财政方面处于极其重要的地位,它通过监督开支来控制和协调政府活动,因此成了总统协调政府活动、提高行政效率、控制财政计划的重要工具。它除了拥有制定和执行联邦政府年度预算、监控政府预算及执行、协调国内政策和计划的贯彻执行等职能之外,还增加了协助总统指导、改进和整顿政府行政管理等职能,几乎成为总统制定决策可资利用的最为权威的协调机构。

经济顾问委员会成立于1946年,通常由3名著名经济学家组成,由总统任命,参议院批准,其主要职责是进行经济统计,为总统决策提供可靠的数据依据;分析国民经济发展状况,及时向总统汇报;评估联邦政府的经济项目和政策,预测未来经济的发展趋势,向总统提出政策性建议以及为总统起草在国会做的年度经济报告等。总之是为总统出谋划策,以此辅助总统制定出高水平的能够促进充分就业、提高生产力和购买力的良策。

美国贸易代表办公室全面负责规定和管理外贸政策,协助总统处理有关国际贸易协定、贸易障碍与纠纷,参与国际商贸谈判等。美国贸易代表办公室由美国贸易代表领导,贸易代表是大使衔的内阁成员,办公室还配备了3名大使衔的副代表。

(2)总统内阁

美国总统领导的行政部门分为两部分:总统办事机构和联邦政府各部。联邦政府各部组成了总统顾问智囊团,通称总统内阁。现任总统布什的内阁包括副总统和15个部的部长,这些部分别是:国务院、财政部、国防部、司法部、商务部、能源部、内政部、农业部、教育部、运输部、劳工部、卫生与公众服务部、退役军人事务部、住房和城市发展部、国土安全部。

国务院前身是外交部,是美国政府中成立时间最早、地位最高的内阁部,常被称为"美国内阁第一部",它与国防部、财政部等一起构成总统的"核心内阁"。国务院最高领导人是国务卿,其主要职责是主管外交事务,是总统外交政策的主要顾问机构,协助总统制定外交政策。

至今,美国内阁不是一个真正的集体决策机构。总统在作出重大决策时,有权召开内阁会议,听取内阁成员的意见,但政府内阁成员的任命、内阁成员的任期、内阁会议举行的时间等,都取决于总统个人的意志。有例子表明,在制定决策时总统完全压倒内阁,具有绝对的权力。例如,在林肯总统举行的一次内阁会议上,7个阁员均反对林肯总统的意见,但是林肯坚持己见,会议结束时,林肯宣布"7票反对,1票赞成,赞成占多数"。这表明内阁其实不是真正意义上的决策机构,而只是总统的顾问机构,但这并没有否认内阁在行政决策过程中的作用,内阁依然是行政决策制定中不可缺少的行动主体。

(3)独立机构

美国政府还设有大量的独立办公室和机构,它们几乎构成了政府的第四大机构。这些机构可分为行政管理机构、调控机构或法人机构等类型。

独立机构是应政府管理经济事务之需而逐步兴起的,它协助政府处理许多繁杂的事务,做了许多政府不需要、不必要做的事。一直以来,独立机构在美国经济和社会生活中扮演了重要角色,成为美国政府结构中重要的一极,是制定决策不可忽视的行动主体。这些独立部门都直属总统。据不完全统计,这类机构有数十个到上百个不等。主要的独立机构有:文官委员会、洲际商业委员、美国新闻署、军备控制与裁军署、联邦贸易委员会、退伍军人管理局、美国邮政总局、国家航空与宇宙航行局核管制委员会、证券交易委员会、小企业管理局、国家科学基金会、联邦储备系统委员会、国家艺术和文学基金会、国家劳工关系委员会等。

作为调控性质的独立机构在美国社会的作用越来越大,它们实际上集行政、立法、司法于权力一身,囊括了决策制定—决策执行—司法裁决的全过程,在美国社会中直接发挥着管理、干预和调节作用,甚至被称为"无人领导的国家机关第四分支,一个不负责的机构和无法协调的权力的集大成者"。

3.行政决策制定的影响者

作为立法机构,美国国会通常不直接参与制定行政决策,不是非常重要的行动主体。但是,国会可以通过立法程序制定法律,而且可以作为议论社会问题、呼吁解决问题的重要场所来影响决策制定。而且,在外交决策方面,美国国会有自己的一席之地。

美国是实行三权分立的国家,总统拥有行政执法权,联邦法院掌控司法权,而立法权归于国会。根据美国宪法第1条第1款规定,"全部立法权,属于由参议院和众议院组成的合众国国会。"作为立法机构,美国国会有许多权限,主要是:设置税收,但在全国必须统一;偿还欠款;提供共同防御和公共福利;以国家名义借债;管理对外贸易和各州之间贸易;设定统一的移民规划制度,统一的破产法律;发行货币,确定度量衡;设立对合众国货币、股票、债券造假的处罚办法;设立邮局和邮路;确定专利权和知识产权的保护期限;设立最高法院管辖的各级全国性法院;宣战;设置军队,提供军费,每笔军费开支不得超过两年;制定政府和军队的制度;设置国民警卫队,制定其官员任命和训练的规定;在某些州让与联邦政府或被联邦政府购买的土地区域内行使唯一的立法权等。

美国国会最主要职能还是制定法律。国会制定法律要遵循一定的立法程序,即按照议案提出—委员会审议—全院辩论和表决—两院协商—总统签署的程序制定法律。这一程序不仅可以制定有利于促进社会团结与合作的规则,而且还引入如何通过集体力量制定决策的一些措施。国会在制定政策的过程中,要对一些问题进行调查、核实,弄清事实的来龙去脉,然后提交给立法机关委员会。委员会在与各阶层、各种团体以及公众个人的广泛接触中,更加了解国家和政府的政策,也使社会各方有机会参与决策制定,从而扩大了国家政策和决策制定的合法性基础。

实际上,委员会还是美国国会组织结构的基础,也是国会立法的基础,对法案的审议具有很大的权力。因此有人说,在美国常设委员会的权力很大,因为在众议院提出的一切议案都要提交给它们。常设委员会可以使议案作废,可以把议案搁置几个星期,可以将议案修改得面目全非,也可以加速议案的立法过程。各种委员会对行政决策进行质询、调整甚至否定,直接影响决策制定和政策走向。

作为行动主体,美国国会在决策制定中的地位最明显地体现在外交领域。在国会与总统外交决策权的此消彼长中,国会不仅成为决策制定与执行的重要参与者,甚至左右着政策的倾向。为了防止集权暴政,美国宪法对外交决策权进行了分权与制衡式安排,这也为总统和国会日后争夺外交主导权埋下了伏笔。国会甚至曾经一度占据了外交决策权的主导地位,直到进入20世纪之后，总统利用自己的特殊地位以及在处理危机上的优势，逐渐取得了美国外交决策的主导权，但是，这并不是说明国会在外交决策中已经完全退出，恰恰相反，国会在外交政策的制定和执行上依然有重大的影响。就中美关系而言，可以很清楚地看到，美国国会在对华政策制定中有不可忽视的作用。比如国会的外交立法权，包括批准与外国缔结的重要条约，并针对某一具体的对外政策进行立法。美国国会还可以通过决议，直接影响对华政策。1999年，美国众议院就提出了70多项涉及反华内容的议案，通过的议案有30多项，其中包括限制向中国出口卫星技术和高性能电脑、支持台湾加入只有主权国家才能进入的国际组织等。再比如在1995年几次通过决议敦促政府同意李登辉对美进行“私人访问”等活动，1995年5月2日和9日美国众议院和参议院分别以396票赞成对0票反对和97票赞同对1票反对，通过了李登辉访美的共同决议案。这些决议本身没有法律约束力，但能够起到向政府施加压力进而影响到行政部门决策的作用。归纳起来说，美国国会的外交权限主要有：外交立法权、外交活动的监督权与调查权、外交建议与赞同权、外事经费拨款权以及外贸管制权等。

概述之，美国国会通过使用自身所拥有的立法权、监督权、任命权、宣战权和弹劾权等，在美国政府决策制定中发挥了特定的作用。它可以通过立法权规范政策价值；通过拨款权左右政策执行；通过任命权制约总统、政府和司法部门；通过批约权，影响甚至左右有争议的协定的制定和实施。

4.公民参与

在人民不掌握信息或是无法获得信息的情形下，所谓人民的政府只不过是一场闹剧或悲剧的序幕；也许两者并存。知识永远统治无知；有意自己当家作主的人民必须用知识的力量武装自己。这是美国前总统詹姆斯•麦迪逊在1822年所讲的一席话。这段话表明，美国人民对关系到自己生活的政府决策有真正积极参与的权利。无论怎么说,美国公民都是行政决策制定中不可忽视的力量。公民参与并非徒有虚名,而是无处不在的。

美国公民参与政府行政决策制定的途径是多种多样的:一是可以通过利益集团、政治组织或政党等进行利益表达,向各级行政机构、议会议员等提出建议;二是公民个人可以直接参加投票、选举或解除官员而影响决策;三是公民可以联合提出提案,交由本地区公民表决。在信息技术高度发达的今天,公民表达自己观点的一个常用办法就是给民选官员写信或是发送电子邮件。

依据美国的法律、规章和惯例,普通公民可以旁听政府召开的某些重要会议,索取并得到政府文件,并参与政府的决策和规则制定。而根据1966年实施的《信息自由法》,美国公民还能够更加便利地获取有关美国政府行政决策的资讯。开放的信息渠道使得公民能够更为便利获得决策信息,从而更容易对行政决策的制定施加影响。在许多情况下,公民不但可以出席公务会议,而且还可以在会上发表意见,尤其在许多重大决策的听证会上,总能听到公民的声音与意见。美国联邦机构还将重大政策事项都发布在《联邦政府纪事》,依照相关法律,任何人都可以对这些重大事项以书面形式,或以电子邮件,或是在公众听证会上发表意见。事实上,美国公民个人不但可以针对现行的法规发表意见,而且还可以建议联邦机构制定新政策。近些年来,美国许多地方政府在预算过程中,也开始让公民参与进来选择评估该政府支出项目的绩效指标。通过公众参与,绩效评估和绩效预算在政治决策制定过程中扮演了更重要的角色,也让决策者更加重视提高决策制定与执行的绩效。

(二)英国行政决策的制定

英国是一个议会内阁制国家,内阁对议会负责,内阁是政府的核心,决定着英国的内政外交政策,在行政决策制定上实行内阁集体合议制。英国首相是英国权力最大的人物,他身兼政府首脑、议会党团领袖和多数党领袖以及执政党党魁数职,实际上成为最高决策者。

英国责任内阁制实质上又是"政党内阁制",政党对行政决策的制定影响深远。鉴于内阁、首相、议会以及政党在英国行政决策制定中的重要性,本书主要以这几个行动主体为主,同时兼顾思想库和利益集团等,以此来理解英国行政决策的制定体制。

1.集体决策

(1)内阁和内阁制的历史沿革

内阁和内阁制起源于英国,英国内阁又是由中世纪枢密院的外交委员会演变而来。在英国历史传统上,国王就有惯例在宫中召集大臣开会商讨国家大事,并设立了御前会议。御前会议是国王的信息咨询机构,但由于御前会议人员过多,不便于经常召开会议,于是后来又成立了更小型的会议即枢密院,它成为国王的最高咨询机关。枢密院又设有若干个常设委员会和临时委员会,其中外交委员会最受国王青睐,权力也最大。英国资产阶级革命后,王权虽受到限制,但这种传统保留了下来,国王经常秘密在议会厅之外的内室小阁开会,人称内阁会议,即小密室里举行的会议。也就是说国王后来连枢密院全体会议也不想开了,遇事需要商量的时候就找几个亲信进行秘密讨论,枢密院中的少数人成为国王的心腹进入内室共商政务,内阁因此初具雏形,枢密院开始变成形式上的最高政府机构。

18世纪初,内阁还不是法定组织,人员也不固定。当时,英国的君主立宪制逐渐形成和发展起来,国王处于"统而不治"的地位。在此期间一件幸运的偶然事件使得内阁成功地脱离了皇室的桎梏。当时的英国国王乔治一世来自德国,不会讲英语,因而无法主持内阁会议。国王不出席会议后,会议便由其中最主要的大臣,通常是由财政大臣来负责主持,该大臣后来被称为首相。此后,国王不出席内阁会议便成为惯例。内阁的性质也因此发生了变化,从国王钦点阁员转向由下院的多数党组成,内阁也由向国王负责转为向议会负责。

沃尔波尔执政期间(1721—1742年),他自己是下院多数党的领袖,在内阁中居于核心地位,和下院多数党出任的阁员共同对议会负责。沃尔波尔实际上就是第一任首相。1742年下院对内阁的重大施政不予支持,沃尔波尔即宣布辞职,通常认为这一时期就是英国内阁制形成的雏形。皮特(1783—1801年)执政内阁期间,创造了责任内阁制,但直到1916年后,现代意义上的内阁体制才真正得以建立,并沿用至今。从此在英国形成惯例,每届下院大选之后,即由国王召见在大选中获胜的多数党领袖,任命他为首相;首相受命后,进行组阁,并提出组阁名单,请国王批准,组成对议会负责的内阁,行使行政大权。

但是,长期以来英国内阁制在法律上并无明文规定,直到1937年才由《国王大臣法》予以确认。这种内阁制,通常被称为责任内阁制或议会内阁制。这一制度后来为许多国家所采用。责任内阁制的主要内容是:其一,通常由下议院中获胜的多数党组成一党内阁,有时也会有多党联合组建成"联党内阁"或由少数党组建内阁等;其二,内阁首相由议会多数党领袖担任,其他阁员由首相提请国王批准;其三,发布文件必须经内阁首相和有关阁员的副署,否则无效。因这一文件而发生的责任由内阁承担,国家元首不负行政责任;其四,首相及由他提名的阁员和非内阁大臣,只对议会负责。议会对内阁有不信任投票权。如议会通过不信任案,内阁就要辞职,或者提请国家元首解散议会。新议会选出后,对内阁仍不信任时,内阁必须辞职。

(2)内阁的组织机构

内阁是英国行政管理机构和行政决策制定的中枢。内阁实行集体负责制，这意味着所有的内阁决策都是内阁集体的决策。内阁集体责任制使得“内阁成为高效的行政核心”，而“国王变成一个有尊严但仅仅发挥礼仪作用的行政首脑”。内阁的主要职责就是“决策、行政控制、协调和划分权限”。

内阁办公厅是英国内阁的办事机构，设有内阁秘书处、中央统计局、人事管理局、历史档案馆等机构。内阁办公厅是行政机构的总协调者，甚至可以说是英国政府的神经中枢，办公厅由内阁秘书长领导。

内阁委员会是负责处理内阁经常性事务的机构，由于内阁本身的负担变得过重，内阁委员会逐渐成为一种制度。内阁委员会的作用和职权越来越大，成为政府行政决策制定的重要行动主体。正如沃克所说：“内阁委员会与内阁本身是平行和平等的。内阁委员会在其授权范围内能够作出与内阁决策具有同样权威性的决策，好像就是内阁本身的决策一样，被接受和遵照执行。”每届政府要设立哪些委员会没有具体规定，现任首相重组内阁后，设立一些委员会及其下属委员会。

(3)内阁的权限

英国中央政府的大权集中于内阁，内阁已经取得了原来国王所拥有的权力，掌管着全国的内政外交，一切重大决策皆由内阁制定。

虽然内阁在法律上并不是最高的行政机构，但实际上却掌握着英国的最高行政权，制定和执行一切重大决策，是行政决策制定的主要行动者。英国内阁实行合议制，重大决策皆由内阁集体作出。内阁会议由首相主持，全体阁员参加。

2.当然的最高决策者

英国首相是政府首脑。如果说内阁是英国政府的核心，那么首相则是这个核心机构的核心。首相的权力来自宪法惯例。根据英国官方手册介绍：首相的任务是向国王报告政府工作概况、主持内阁会议、对各部进行总的指导、解决各部之间的争端以及批准各部不需提交内阁讨论的重大决定。首相在下院中就最重要的问题为政府辩护，并答复下院对政府一般行政所提出的质问。具体来说，首相的主要权力有：一是掌握最高决策权。一切内政外交方面的重大决策都由首相最终决定。所有重大议案在提交下院讨论之前都要由首相过目；重要的决策最终都要首相拍板定案，其他人未经首相授权不得擅自决断；各部所制定的政策必须经由首相同意才能实施等。

二是掌握人事任命权。首相有权任命阁员和所有政府成员，有权重组内阁。如英国前首相上台之后就完成了内阁重组，改组了贸易与工业部等机构设置，并增设了住房部长等职位，教育、住房以及医疗和宪法改革等成为新一届政府内政的重点，"对外援助"以及非洲和亚洲等地区事务则将成为重头戏。

三是掌控内阁。首相对内阁享有绝对的控制权，主持内阁会议，决定内阁议事日程，最后的决议以首相的意见为准。

四是掌握政府财政权。首相一般兼任首席财政大臣。上任首相布朗自1997年工党执政以来一直担任财政大臣，与布莱尔一起被视为工党的两位"设计师"。布朗成为首相之后，其助手阿利斯太尔•达林接替布朗任财政大臣。英国的国家预算几乎是首相和财政大臣两人决定。通常由财政部主管预算编制，而首相负责决策，其他内阁大臣无权过问。

此外，首相还有权决定何时解散议会、提前大选，有权宣布"紧急状态"等。英国首相身兼政府首脑、议会领袖和政党党魁为一体，几乎无所不为，成为英国名副其实的最高决策者和领导者。

3.不可小觑的力量

英国内阁是由下院选举中获胜的多数党或政党联盟来组阁的，内阁首相通常由执政党的党魁来兼任，政党、议会与内阁之间复杂的权力关系，使得政党成为英国行政决策制定中不可小觑的行动主体。

政党是近代民主政治的产物,几乎所有政党都有两种功能,一是利益表达;二是推行或实施政党的政策主张。政党是联系政府和社会的纽带,就其对行政决策制定的影响而言,主要体现在以下几个方面:一是选举获胜成为执政党掌控政府,成为行政决策主体;二是进行社会动员,整合社会利益,影响着行政决策的价值选择,并通过沟通公众与公权之间的关系来践履决策目标;三是政党的执政理念、执政方式或党魁的素质影响了行政决策进程和方向。

英国是现代政党政治的发源地,是典型的两党制国家。虽然英国国内实际上的政党数目不止两个,但长期以来都是保守党和工党通过选举轮流执政,影响着行政决策制定。随着保守党和工党的轮流坐庄,英国政府的行政决策取向也发生了相应的变化,所制定和实施的行政决策也各具特色。

以英国两党执政经验为例,可以看出政党对行政决策制定的影响。二战后,工党在1947年5月大选中取得了压倒性胜利,获得393个下议院席,而保守党仅获得213票。工党执政后,转变了英国政府的政策方向,从保守党侧重经济和外交、鼓励出口以及在国际事务的强硬立场,转向体恤民情,组织社会生活,以“社会主义计划和高效率”来保证高薪和充分就业。对于百废待兴的战后英国来说,这种决策选择无疑是一件好事,它让人民获得了补偿与休息。工党执政之后,将其国有化和建设福利国家的决策目标付诸实施。1946年,工党政府连续出台了《国民保险法》和《国民保健法》,为福利国家打下了基石。

但是,随着1975年撒切尔夫人当选首相,英国政府的决策重点和决策理念也随之变化。撒切尔政府反对凯恩斯主义,抨击福利国家政策,主张重新界定国家与市场的关系。面对存在的问题,撒切尔所领导的保守党政府,作出了新的决策，试图拆散福利国家，收缩国家对经济的干预，以有利于市场机制下的个人和企业的发展。

而1997年工党在大选中胜出，英国行政决策目标又有了新的变化。围绕着实现“现代化”的大目标，布莱尔领导的工党政府对宪政改革、宏观经济政策、社会保障制度改革和外交目标等，都有了新的决断。在宏观经济，上，布莱尔政府决定下放决策权限，调整工业关系；采取从紧、灵活的财政政策；进行社会保障制度改革，把自由市场经济同基本的社会保障结合起来，强调在市场经济的范围内实现公平、机会均等和照顾社会弱者。布莱尔领导的工党政府还试图以“社会投资国家”来改变传统的福利国家模式等。

工党和保守党轮流执政而导致的政策变迁说明，任何一个政党在议会选举中获胜之后，都会制定出不同的行政决策来维护本党的利益。政党是一种制度化的组织。政党区别于社会团体或利益集团的最大不同之处在于，政党的各项活动是直指政权的，并希望通过行使公权力而作出有利于本党利益的决策。尤其在英国，执政党的领袖往往又是最高的行政首长，是最高的决策者，所有这些都表明政党在英国行政决策制度中是一个不可小觑的行动主体。

4. 日益没落的角色

英国“光荣革命”之后，确立了议会至上的原则，国王的权力被议会主权所取代。对于英国议会权力之大，有人甚至如此说道：“在法律上它什么都可以做，除了把女人变成男人外。”议会的主要职权是：提案权、质询权、讨论权和表决权。但随着英国责任内阁制的确立，行政权力不断膨胀，议会与政府之间的权力格局发生了巨大的变化。19世纪中期，议会的一些重大权力已经转移到内阁中来，英国议会制度经历了从“议会主权”向“行政集权”的变迁。曾经的“议会至上”似乎已风光不再，它对行政决策的影响力日渐衰落。况且，行政决策的主角只能是政府，是内阁，不可能是议会。

至今，英国议会与内阁之争是因前者的没落与后者的扩张而告一段落。但事实上，英国内阁与议会之间的关系不是完全割裂开来的，它们之间只是机构分离，而人员是有重合的，主要表现为：内阁由议会选举产生，内阁对议会负责，定期向议会报告工作，接受议会的监督；内阁首脑实际上是议会中获胜的多数派的党魁，内阁首相以此可以制衡议会。也许正是内阁与议会之间权力纠缠，所以在行政决策制定中，英国议会虽然日益没落，但还是一个不可忽视的角色。

5.党派倾向性强的思想库

与其他国家一样，英国也有众多的思想库服务于行政决策制定，从而成为决策制定的社会行动主体。不过，比较特别的是，英国的思想库党派性比较突出，这是与英国的政党政治和议会政治分不开的。

据说，英国思想库一词首次使用是用来指1970年由首相爱德华·希思等人建立的“中央政策评论部”（CPRS），但思想库在英国的历史远非如此短暂，早在1884年建立的费边社就是著名的思想库。独立的、非营利性的政策研究机构在英国已经有上百年的历史。20世纪90年代至今，思想库在英国更是有增无已，相当活跃。这些思想库为英国政府的行政决策制定提供了智力和信息支持。

依据不同的划分标准，英国社会有不同的思想库，它们分散在政治、经济和外交等不同领域。如从研究领域来分，有政治类、经济类和外交类思想库。公共政策研究会就是政治倾向比较显著的思想库；英国经济学家智囊团（EIU）、经济事务研究会等则是经济类的思想库；欧洲改革中心致力于改善欧盟，显然是外交型的思想库。再比如从隶属性上来看，可分为政府型（中央政府和地方政府）、政党型、独立型（含个人）思想库。前者如外交政策中心，是由当时的首相布莱尔一手组建的；中间的如Localis论坛；市民社会研究所则属于独立型思想库。而从政党属性来看，王军等人则将英国的思想库分为中右派的思想库、中左派的思想库以及其他。

各式各样的思想库在英国行政决策制定中扮演了重要的角色。如Localis论坛建立目的就是力图为广泛的公共政策问题提供一个跨党派论坛，其活动范围囊括运输、教育、社会服务以及环境等地方政府政策的方方面面。Politeia论坛亦是如此，它平均每年大概要出版10本有关社会和经济政策的小册子，内容涉及就业、养老保险、健康以及教育等多个政策领域。成立于1988年的公共政策研究会是最大也是最有影响的中左派思想库，因其与工党有着千丝万缕的联系，而被称为“粉红色”思想库。

简而言之，英国思想库是联系中央政府与地方政府之间，不同政党之间，国家、公民社会与世界各国之间的桥梁，是政策宣传的重要工具，向政府提供建议是思想库最显著的功能。思想库作为一种沟通国家（政府）与公民、英国与世界的工具，可以直接影响决策者的思想，同时也以一种更为温和的方式帮助决策者形成新思想、新决策。

6.何谓政府的“必需品”

压力集团在英国也受到了普遍的重视，被看作是英国政府的“必需品”，英国前首相丘吉尔也把它看作是“王国的财富”。与美国稍有不同的是，英国的压力集团在20世纪后期才逐渐得以勃兴，并在行政决策制定中占据一席之地。作为非正式组织，英国压力集团的性质和功能与其他国家的利益集团没有多少差异。这些压力集团都是秉持一定目的和立场，向行政决策制定的政府主要行动者施加影响和压力，以期改变官方的决定或政策。当然，压力集团不总是扮演“黑包公”的角色，它们也为政府及其主要决策制定者提供信息和建议，从而使得这些主要行动主体能够更好地面对日益复杂的决策环境。

虽然压力集团在英国的兴起是晚近的事情,但“压力集团”的活动可追溯到18世纪下半叶。“废除奴隶贸易促进会”的民众组织早在1787年就出现在英国,该组织为在英国废除奴隶贸易制度进行了长期不懈的斗争,并在1807年终于实现其目标。到19世纪诞生的工会组织,一直帮助工人为改善自己劳动环境与生活条件进行了不懈的斗争,由此又推动工党的建立,并且一直对政府和主要政党的决策制定施加影响。至今,压力集团在英国逐步壮大,经历了“从小到大、由偏到全”的发展过程。比如“伦敦大地之友组织”,20世纪70年代还不足千人,且活动仅限于伦敦地区,现在其成员逾百万之众,而且组织遍及全英,名称也随之改为大地之友。再比如“土地所有者”,也成为一支力量强大的压力集团,其成员达220余万人,而“全国观众与听众协会”成员有18.3万人。

英国压力集团发展速度之快数量之多既是情理之中,又是意料之外的,其活动范围涉及政治经济、环境卫生、医疗救济、文化教育、国际关系等内政外交的方方面面。各种各样的压力集团活跃在英国社会,如大地之友、绿色和平、皇家鸟类保护协会、全国农场主联合会、土地所有者、国民托管组织、合作监管、世界发展运动、争取残疾人权利组织、反转基因种植、反克隆人、反毒品压力组织以及反同性恋压力组织、反禁止堕胎压力组织等,不胜枚举。他们的日常活动无时无刻不以各种方式渗透于政府的各个角落,弥散在国内政策制定的每个领域。

作为不可缺少的社会行动主体,压力集团在英国行政决策制定的主要作用是输入要求,为政府提供所需要的信息、报告和必要的建议。许多决策制定由于有了压力集团的协助与配合,从而进展比较顺利。如在经济事务中,拥有约1160万名会员的职工大会(TUC)一直影响着政府决策。许多压力集团由于对政府的一些决定不满而转向抵制政府决策,常常会极力促使政府改变决定。如1981年由于保守党政府提供的财政开支减少,英国国家煤矿局决定关闭一些无法赢利的矿井时,遭到全国矿工同盟的反对。迫于压力,政府不得不改变政策,增加了2亿英镑的政府支出,以继续维持原定关闭的矿井。再比如,1970年上台的希思政府坚持改革工会的立场,不顾工会反对制定了一项新的劳资关系法,结果在1972年1月引发了一场尖锐的劳资纠纷:英国28万名煤矿工人罢工,要求提高工资。这场罢工持续了近一个月,最终以政府的妥协而告终。而1973年,希思政府又在推行反通货膨胀问题的政策上与工会发生冲突,其结果导致了保守党在1974年大选中的败北。

整个行政决策的过程,实质就是公众和集团输入要求和压力,行政决策机构制定决策并输出决策的动态过程。在这个动态过程中,输入压力是必要的,也是必然的。通过各种压力集团,政府和决策官员们能够及时捕获信息,了解动态,获取公众对政策的各种反馈,并可借助它们完成决策实施过程中的某些困难目标。当然,输入决策系统的压力不能过于强大,以防出现了"输入超载"现象或者出现"过分容量的压力",那么这就可能破坏行政决策中枢的决定能力。

(三)日本行政决策的制定

战后日本经过民主化改革之后,建成了真正意义上的责任内阁制度,内阁是中央政府的核心,总揽行政大权,总理大臣(首相)掌握着行政决策的实权。在行政决策制定中,除了内阁、首相等是最为直接的行动主体之外,日本的思想库、利益集团等也是决策制定的重要参与者。因而,以下将主要选择内阁、思想库、利益集团等行动主体来探讨日本的行政决策制定。

1.从"敕令内阁"到"议会责任内阁"

依据二战后日本法律,日本政府最高行政决策权属于内阁,内阁是"决策班子”，首相是“班长”。但日本内阁一开始并不是处于行政决策制定的主导地位，充其量只能算是代替天皇行使行政权的执行机构。

日本内阁制始于近代，不过当时的内阁有名无实，并不是“议会；责任内阁制”，而是日本式的“天皇制内阁制”。1885年根据明治天皇第69号敕令，日本正式建立内阁制。但此时的《明治宪法》几乎没有提及国会的权力，只在宪法第55条中规定：“国务大臣辅弼天皇以任其责”，而根据《明治宪法》第4至第10条以及第13条之规定，“天皇作为国家元首总揽统治权”；天皇“在议会的协赞下行使立法权”，“裁可法律，命公布执行”，“召集帝国议会命其开会、闭会、停会及解散众议院”，“发布代替法律之紧急救令”以及“统帅陆海军”，并拥有“宣战、靖和及缔结条约”等权利。所有这些都说明：天皇才真正是最高行政决策权的拥有者，他实际上统揽了国家的行政、立法、外交和军队的统帅大权，而此时的议会只是一种装饰，内阁的行政权力也是名不副实的。在这种“天皇制内阁制”下，内阁只对天皇负责，内阁的首相和阁员都由天皇任命。虽然1889年12月24日明治天皇通过了第135号敕令，颁布了《内阁官制》，把管理国家、颁布行政法令、处理预算法案、处理国际关系的部分权限等赋予内阁，但这种 “敕令内阁”依然依附于天皇。

随着《日本宪法》的生效和《内阁法》《国会法》的实施，日本于二战后才真正确立起了议会内阁制。根据日本新宪法即《日本宪法》的规定：“天皇是日本国的象征，是日本国民整体的象征，其地位以主权所在的全体日本国民的意志为依据”（第1条）；“天皇只能行使本宪法所规定的国事行为，并无关于国政的权能”（第4条）；“天皇有关国事的一切行为，须有内阁的建议和承认，有内阁负其责任”（第3条）。新宪法表明，天皇不再拥有实权，同时还规定了天皇的权力隶属于内阁。根据《日本国宪法》的规定：“国会是国家的最高权力机关，是国家的唯一的立法机关”（第41条）；“预算案必须先在众议院提出”(第60条);“缔结条约必须得到国会的承认(第61条)”。此外,新宪法还明确规定:“行政权属于内阁”(第65条);“内阁行使行政权,共同对国会负责”(第66条);“内阁总理大臣经国会决议在国会议员中提名”(第67条);“内阁总理大臣任命国务大臣。但其中半数以上人员必须由国会议员中选任。内阁总理大臣可任意罢免国务大臣”(第68条);“内阁在众议院通过不信任案或信任案遭到否决时如10日内不解散众议院就必须总辞职”(第69条)。“内阁除执行一般行政事务外”,还有执行法律、总理国务、处理对外关系、缔结条约、掌管有关官吏事务、编造预算、制定政令,决定大赦、特赦、减刑、免除刑罚执行及恢复权利的权力(第73条)。至此,日本才建立现代意义上的议会责任内阁制。到底是向议会负责,还是向天皇负责,成为日本议会内阁制与“敕令内阁”根本区别之所在。

但若此时就说日本内阁拥有最高行政决策权还为时过早。直到20世纪90年代末日本新一轮行政改革之后,日本内阁才脱离官僚的行政控权而有了名实一致的最高行政决策权。在新的行政改革之前,所有重大行政决策在提交内阁会议决断之前,首先都需要获得次官会议的通过。倘若次官会议没有一致通过,决策议案就无法提交到内阁会议来表决。次官会议本是部门之间的高层综合协调机构,在实际运作中有越俎代庖之嫌。加上由于内阁会议采取“一致同意”的决策规则,这样一来只要有一个部门反对,即使首相同意的决策方案也无法通过。日本的行政割据和官僚控权,使得内阁会议集体决策的权限大打折扣。

日本新一轮行政改革之后,这一切才得以改观。战后日本最大一次中央政府行政改革完成于2001年1月,改革内阁制度是主要内容之一。内阁制度改革目的是要改变“强省弱相”和官僚行政控权等问题。新一轮行政改革强化了内阁职能,确定了首相在行政决策制定中的主导地位,改变了官僚控权的局面。行政改革最终确立了公民和内阁主导权的地位，由公民选举国会，国会任命首相，首相组阁，内阁领导政府各省，实现了从公民到首相（政治家）再到官僚的正向控制，即实现了内阁控制官僚的状态。至此，内阁和内阁会议才真正成为日本最高行政决策机关。

2. 主角从幕后走向台前

日本首相是行政决策制定的主角，但是他在行政决策制定上的核心作用不是一蹴而就的，而是经过了几番变革之后才最终从幕后走向了台前。在敕令内阁期间，内阁总理大臣（即首相）是由天皇征询元老院的意见后任命的，首相向天皇负责，其主要职责是辅弼天皇。二战期间，军人当政，总理权力被架空。直到战后新宪法确定了首相经由两院投票获胜才能被国会指定为内阁总理大臣。日本新宪法规定，首相作为政府首脑具有以下权限：一是代表内阁向国会提出议案和报告，可以就议案随时出席国会会议并发表意见；二是主持内阁会议，并根据会议精神指挥与监督行政部门；三是任免国务大臣，批准对国务大臣的追诉；四是签署法律和政令；五是有权通过阁议裁决，即“权限疑义裁定”；六是有权宣布紧急状况令，但需要国家公安委员会的建议以及国会事后的追认。

但如前所述，在新一轮改革之前，次官会议和全体一致同意的规则还是制约了首相的行政决策权力。因为根据全体一致同意的规则，只要一个内阁成员在内阁会议上对待决事项投反对票，即使首相同意的待决事项也不能进行决断。为了凸显首相的权力，1998年日本国会出台了《中央省厅改革基本法》，明确规定首相在内阁会议上的领导地位，赋予首相在行政决策制定上的主导权，拥有对重大决策的动议权等。同时，为了确保首相对行政决策的领导，弱化部门利益，改变省厅割据的局面，改革了决事规则，在内阁会议上采取了多数同意决策规则。这些改革弱化了部门利益，瓦解了省厅割据和部门分割，强化了内阁和首相的领导地位，从而使得首相从幕后走出来，成为决策制定的核心行动主体。

3.责任明确的决策内脑

在日本，内阁府当仁不让是内阁和首相最为重要的行政决策内脑。1998年出台的《中央省厅改革基本法》，调整了内阁机构，以内阁府取代了总理府，强化了内阁府的决策辅助和综合协调的地位。内阁府由原来的总理府、经济企划厅和冲绳开发厅合并而成，同时直辖国家公安委员会、宫内厅、金融监督厅等。新成立的内阁府凌驾于其他省厅之上，负责制定国家战略，综合协调各省厅之间的合作与沟通，以及具有企划、大典等职能。为了更好地辅助首相决策，内阁府还设置了经济财政咨询会议、综合科学技术会议等审议机构。

在日本政府决策的内部系统中，形成了一套较为完善的决策咨询机制，主要包括两个方面：

一是设立“禀议制”，是指在行政决策制定时，可以先由基层主管部门提出议案并制定政策方案，然后层层禀报与审议，最后由最高决策者拍板定案的决策制度。“禀议制”决策有利于发挥基层单位决策的积极作用。

二是设立了审议会、协议会、调查会等决策咨询机构。这些都是战后日本在政府系统内部设立的机构，其中以审议会为主。据估计，日本现有审议会212个，审议会委员达6000余人，审议会成员是来自各行各业的知名人士。审议会的职权是根据首相或主管大臣的咨询进行调查和审议，既可以参与行政决策制定，也可以行使独立的调查权，或就某些问题提出自己的见解。具体到经济决策，审议会负责收集材料，促进决策科学性；平衡各方利益和关系，维护政策的广泛性；参与制定政府中长期经济计划；促进政府与民间情报的交流。但是审议会本身没有决定权，它们的决定和咨询是否被采纳，皆取决于省厅领导者的决定。审议会委员由政府有关部门任命，除个别审议会设有专职委员外，绝大多数成员都是兼职的，任期一到两年。审议会成员与政府官员类似，几乎不受内阁交替的影响。

4.风格各异的决策外脑

在日本政府之外，也有许许多多的思想库，它们成为行政决策制定的外脑和重要的行动主体。从隶属关系来看，日本思想库也可以分为：半官方的思想库，如日本综合研究开发机构、安全保障与防卫力量恳谈会；政党型的思想库，如自民党的政调会；民间思想库，如野村综合研究所等。日本咨询业兴起于一战后，并很快出现了一大批具有国际影响力的综合研究机构，它们不但服务于本国政府行政决策，而且也为外国政府和企业服务，其咨询内容涉及经济、技术、工程乃至国防等高尖端领域。据估计，目前日本的经营咨询师约为1万人左右，从事咨询的各种公司、机构、团体等约6000家左右。

就对日本政府决策影响较大的思想库而言，主要有：

(1)野村综合研究所

野村综合研究所(简称NRI)正式建于1965年4月1日，创始人是野村德七，是日本思想库中历史最久、规模最大、社会影响最广、活动能力最强的综合性咨询研究机构，也是日本民间咨询机构的典型代表。

野村综合研究所设立了企业调查部、经营调查部和证券调查部等，设有镰仓本部、东京本部和生物化学本部，并在纽约、伦敦、香港等地设有分支机构，将其触须延伸到世界各地，形成了全球性的调研网络。野村综合研究所通过调研网的触角，建立了自己的信息库，专门收集经济动向、股票证券市场、国民所得、家计、商品价格、金融等方面的情报资料，为课题的深入研究和参与政府决策创造了有利条件。

综合调查离不开资料的支持，因而野村综合研究所在东京本部还设有一流的图书馆，藏书达4万册，外国杂志490种，国内杂志680种，日本报纸37种，外国报纸28种，特种行业的报纸88种，备有电子计算机检索等现代化信息设备。同世界上任何著名的思想库一样，野村综合研究所还拥有高水平的研究团队，拥有研究员、副主任研究员、主任研究员、主席研究员等级别的研究人员。他们对研究人员的要求是相当严格的，第一要求有“研究能力”，擅长调查研究；第二要有“洞察能力”，善于发现问题；第三要求有“服务能力”，善于与委托者交涉；第四要有与同仁们“合作能力”；第五要能够适应课题的改变，具备“专业转变能力”。野村德七认为，一个研究人员如果在这五大能力上很有造诣，就能成为出色的咨询专家。这也正是野村综合研究所事业成功的诀窍。

(2)安全保障与防卫力量恳谈会

安全保障与防卫力量恳谈会是日本前首相小泉组建的军事智囊团，其职责是为日本政府制定国家安全保障和防卫政策提供决策意见，对日本政府决策拥有举足轻重的作用。据日本媒体宣传，这个机构看似有着浓重的民间色彩，但小泉在军事领域所作出的许多决策都源于智囊团之手。

安全保障与防卫力量恳谈会有10名成员，包括日本大型公司老总、前内阁官房副长官、自卫队参谋长联席会议主席以及一些大学的教授。这些军事顾问，不占政府编制，不领官方薪水，主要是帮小泉在军事决策领域出谋划策。平时这个智囊团相当低调，不接受任何媒体的采访，且办公地点也鲜为人知。据日本英文媒体透露，这10个人其实是一整套的班子，他们在首相府附近比较隐蔽的写字楼里以公司名义租房办公，而且有自己专用电梯，其他高层电梯经过他们所租楼层时都不能停下。

这个军事智囊团的成员中大半是军事专家和“中国通”。东京电力前会长荒木浩是智囊团主席，据说对“政治和军事情有独钟”，而且对“中国文化”

有“特别爱好”，多次来访中国，相当熟悉中国电力部门。智囊团成员丰田公司总裁张富士夫也自称“特别喜欢中国文化”，尤其是唐诗、宋词和宋清两代的瓷器。其他成员包括自卫队的前高级官员和作战指挥官等，这些人都与军事领域研究有着“直接关联”。

(3)其他著名思想库

在日本，著名的脑库还有很多，如：在银行业方面有1992年9月成立的明日银行综合研究所，前身是协和琦玉综合研究所，该研究所职员们经常深入企业，搞调查，提出分析建议。大和银行综合研究所以支持关西地区的发展与繁荣为己任，该研究所的母体是大和银行。大和综合研究所积极推进银行系统一体化事业。

樱花综合研究所也是著名的思想库，该研究所以亚洲为中心，以东盟、中国、越南和印度为重点研究调查对象，同国外12家研究机构有合作关系。

三和综合研究所、三井信息开发研究所以及三菱综合研究所等都是日本著名的思想库，在其国内声望很高。三井信息开发研究所力图“把智众团的职能和信息系统开发职能有机地结合在一起”。三菱综合研究所更是人才云集，实力雄厚，在其800名研究人员中，有700人是技术界出身的跨学科领域的综合研究人员。

5.备受争议的活跃角色

在日本政治体制中，最突出特征就是行政官僚、政治家(政党)和利益集团所形成的“三角同盟”。这种结构体系直接影响到日本行政决策的制定，也使得官僚集团和利益集团成为备受争议的活跃主体。

明治维新以来，日本效仿普鲁士建立了新的官制，强调行政官僚对天皇的忠贞不二。根据日本《官吏服务纪律》的规定：“凡官吏以对天皇陛下及天皇陛下之政府的忠顺勤勉以主，依法律命令各尽其职。”作为“天皇侍从”，日本行政官僚不是由议会产生，不对选民负责，他们在政治、经济、社会生活等方面都发挥着重要作用。特别是在天皇权力的支持下，官僚不仅享有较高的社会地位，而且在决策制定时具有较大的自由度，甚至凌驾于内阁之上，"超脱"政治家和公众的影响。在拥有强大决策权的基础上，行政官僚通过行政控权把影响力渗透到社会的各个方面。

二战之后，经过美国对日本的民主化改革，重塑了日本的政治、经济体制，但意图解散日本原有官僚机构的计划，却因为遭到日本政府的强烈抵抗而失败了。日本战前行政官僚所拥有的权限与地位在民主化改革中几乎毫发无损地保存了下来。这使得行政官僚在政府管理体制和行政决策制定中依然地位特殊。

兴起于20世纪90年代的日本行政改革，终于比较彻底地动摇了日本官僚集团的地位，确立了内阁和首相在行政决策中的领导核心地位，打破了官僚的行政控权，实现了国民和首相对官僚的正控制。从行政官僚的发展历程来看，很长时间以来，他们在日本的政治体制和行政决策体制中扮演了重要的角色。

利益集团在日本政治与行政中的作用也具有久远的历史。在财阀政治时代，可以说日本政治与财团的利益是息息相关的。即使是今天，也不可低估利益集团在日本行政决策制定中的影响力。甚至有人认为，近十年以来日本泡沫是政府和利益集团共谋的结果，"政府为特殊利益集团所俘虏"是造成日本经济长期萧条的根本原因。事实是否确实如此，这里不去考证，但足以说明利益集团的重要性。

一个普遍的事实是，利益集团为维护自己的既得利益或为取得更大的利益，以各种方式干预国会立法或对政府决策施加影响，在日本这种现象尤为严重。利益集团为了获益，通常采取提供选票或政治资金等方式对执政党施加压力，或者吸收退休的行政官僚到企业集团任高职，从而促使政府制定出有益于利益集团的法律法规和相关政策。

正如有人指出，在日本，由利益集团、国会议员和行政官僚组成的“三角同盟”式的“次级政府”，实际上是一种利益交换关系，即利益集团向国会议员、特别是执政党的国会议员提供选票和政治资金，并提出更多的利益要求；执政党国会议员为巩固自己的选举地盘，除在制定政策时照顾到有关社会团体的利益外，还利用职权向行政机构施加影响，为有关团体争取更多的政府补助金和公共事业建设费；而政府省厅为维护各自的权限也需要国会议员的支持，为退休后能到民间企业、特别是大企业任职迫使他们不得不考虑利益集团的要求。

二、国外行政决策体制的主要经验

行政决策体制是行政决策机构和人员所构成的组织体系、权力结构及其运行制度。如何合理分配决策权力，如何合理建构决策程序、规则和方式等是行政决策体制需要面对的问题。不同的行政决策权归属形成了不同的行政决策体制，也使得不同国家的行政决策体制呈现出各自的独特性。但从整体上来看，发达国家以及新兴国家的行政决策体制也有一些共性的基本经验。

(一)行政决策组织结构的合理化

行政决策组织结构是随着历史的发展而发展的，从早期的个人决策到集体决策再到矩阵制决策，行政决策组织结构日趋合理与科学。在静态组织结构上，国外行政决策体制通常有各司其职而又相互配合的决策中枢机构、决策信息机构、决策执行机构与决策监督机构。决策中枢机构显然是行政决策体制的核心组织，主要职能是确定决策价值和决策目标并对决策方案进行抉择。在最高层次上，总统制国家的行政决策中枢是总统及其内阁，如美国联邦政府的行政决策中枢是总统及其内阁,总统实际上掌握着最高决策权,趋向于采用总统个人决策方式进行决策,而内阁制国家的行政决策中枢通常是指首相或内阁总理大臣领导下的内阁会议或责任内阁,如英国以首相为首实行内阁集体决策或合议制。

决策信息机构是行政决策体制的参谋组织,主要职责是为决策中枢出谋划策,辅助决策中枢制定出正确的决策。随着现代行政决策环境和内容日益复杂化、技术化和专业化,行政决策信息机构作用日益凸显。近些年来,国外行政决策体制的显著特点就是决策信息智囊组织的快速发展。无论是美国,还是日本、英国和法国等,这些国家不但在政府内部有各个领域的“内脑”辅助决策中枢进行决策制定,而且在政府之外还有为数众多的半官方和民间的思想库,它们一起形成了多层次、多元化的决策咨询体系,为政府的行政决策制定给予了强有力的支持。与此同时,国外行政决策信息机构在自己的权限范围内又具有自主性和独立性等特点,它们一旦接受了政府的委托,或者自行进行研究,就不受他人的约束和限制,因而能够比较客观、公正、准确地进行咨询研究。

决策执行机构自然是负责行政决策的具体运行。国外行政决策体制变革的一大特点就是越来越重视行政决策执行。在很长一段时间里,行政决策执行被视为水到渠成、自然而然的事情,因此决策执行普遍被忽视。但事实证明,行政决策执行同样面临着高度的不确定性,执行中出现的失误、偏差乃至执行低效与无效的情况时常发生,决而不行也不是稀罕的事。鉴于此,20世纪80年代以来,许多国家兴起行政决策执行的自主化运动,执行组织日趋专业化和社会化。

有权就有责,任何权力的行使都离不开监督与约束。国外行政决策体制的组织系统中通常都有强有力的决策监督机构,其主要职责是督查和检查行政决策者的职权是否合法，决策行为与决策程序是否合法，决策方案是否合理，以及决策执行是否有效率等。立法机构监督、司法机构监督政党监督、社会团体监督、舆论监督以及公民个人监督等构成国外行政决策监督的完整体系。

（二）行政决策权力的分散化

决策主体及其权力划分是行政决策体制的主要构成要素。根据决策权力使用的特点来划分，行政决策体制有集权制和分权制两种类型。集权制是指行政决策权集中于上级决策机关，而下级行政机关主要是贯彻与执行上级的决策意图和决策方案的决策体制；分权制是指各级行政决策机关在各自的界域内享有决策权，自主决策而不受上级机关干预的决策体制。

行政决策权力的分散化主要体现为决策权力的纵横分化。在纵向上，联邦制国家比起单一制国家在行政决策权力上更为分散，但在总体趋势上它们的决策权力都越来越趋向分化而不是集中。作为联邦制国家，例如美国、俄罗斯等，其联邦政府具有最高行政决策权，但各成员单位在联邦宪法的框架内可以制定自己的宪法和法律，有权决断地方事务，而联邦政府无权干涉。联邦和各成员单位之间既有“共有权力”，也各有“专有权力”，联邦政府与地方政府在各自的权限范围内行使自己的决策权。在法国、日本等单一制国家中，重大决策权集中在中央政府，尤其是外交权、军事权等都集中在中央政府，但中央与地方之间也有一定的决策分权，在不能违背中央意图的前提下，地方政府享有相应的决策权力，而且中央政府也越来越多地下放决策权力，激活地方政府的积极性与主动性，提高决策制定与执行的效能。

在横向上，国外行政决策权力的分散化一方面表现为在同级决策组织之间，决策制定部门、信息咨询部门、执行部门和监督部门各司其职，相互合作，分别行使着行政决策的决断权、执行权和监督权等。随着行政决策制定的日益专业化，专家学者们在行政决策制定中的作用越来越大，实际上在行使着一定的决策权，而决策执行的自主化，使得政治与行政、决策制定与决策执行日益分化。行政决策权力的分散化另一方面则表现为行政决策的社会化分权。20世纪70年代在英国美国、澳大利亚和新西兰等西方国家兴起了政府再造运动，并很快席卷新兴工业化国家直至全世界。政府再造运动以结果、服务和顾客满意为导向，通过实施重构与重建战略，政府行政决策范围不断收缩，并且越来越多地将非核心的权力交给非政府组织来行使。在有限政府的管理理念指导下，凡是能够由市场和非政府组织行使的权力，就交由市场和非政府组织去行使，而没有必要集中在政府手中。这也就意味着政府不断转变职能，将原本由政府包揽的公共行政事务交给社会去承担，社会分权化的趋势不断加大。

行政决策权力的横向分散还表现为决策权力在国家机关、社会组织与公众个人之间的分化。在传统上，立法、行政和司法机关等国家公共法权主体是行政决策权力的主要行使者，他们获得法律授权而享有法律规定的行政决策权力。但在国外行政决策体制中，政党、利益集团和公民个人等行动主体在行政决策制定与执行中的作用越来越大，实际上已经在行使着一定的行政决策权力。

（三）行政决策过程的程序化

行政决策程序的科学与合理化，有助于行政决策的科学与合理化。国外行政决策过程中非常注重行政决策的程序正义，也就是说十分重视行政决策过程中的逻辑顺序。程序是指客观事物的发展序列，科学的序列反映了客观事物发展的内在规律、逻辑顺序以及基本步骤，而违背或超越决策程序的思维和行为会导致决策的失误。一个完整的行政决策程序包括决策目标的提出与确定；围绕着决策目标所进行的调查研究、信息收集与加工，进而拟定决策方案;决策方案的评估选优,确定方案;决策方案的实施、评估反馈到决策的修改完善或者终结。行政决策程序通常可以分为政策提议程序、政策设计程序、政策决议程序和政策执行与完善程序。

在行政决策提议程序阶段,国外主要是有四种决策程序启动模式:一是由立法机关授权启动决策程序;二是由行政机关提出行政决策议题,启动决策程序;三是由社会公众提出问题和决策目标,一旦通过了政府的审查,同样可以启动决策程序;四是由行政决策机关和公众个人共同协商提出决策目标,启动决策程序。行政决策目标的确定不是任意的,而是要依据程序提出决策议题,并根据合法性、合理性、迫切性以及是否符合民意或社会需求的原则确定决策目标。

在行政决策设计程序阶段,国外非常重视信息咨询机构的作用,咨询机构在行政决策过程中扮演着极为重要的角色。没有咨询论证,行政决策的合法性和科学性会大受影响。在国外,举凡事关国计民生或重大决策,大多要举行听证会,咨询论证是必不可少的。信息咨询机构在行政决策过程中发挥着分析问题、设计方案、评估绩效等多种作用。如决策咨询机构具有问题分析的功能,能够协助决策者分析公共问题的结构,并且提出解决问题的方案;具有政策设计功能,能够根据决策者的意图和要求,提供全盘性的政策设计方案,促使国家资源的有效配置;具有政策革新功能,能够在为政策制定者提出有创意、新的政策方针或行动方案的同时,还可以对政策执行情况进行跟踪、评估,对发展趋势作出科学预测,研究应变措施,提出是否需要对政策修改、革新、变更的建议。

行政决策决议程序阶段,拥有行政决策权的组织或个人在分析评估各种可行性方案的基础上,择优选出最佳方案。在行政决策的方案选择这一阶段,国外既赋予拥有决断权的组织或个人最终确定方案的权力,但同时也规定方案的选择必须要有评估，以防止决策者主观随意性。在尊重客观规律、多方讨论以及评估分析的基础上，行政决策者最终选择出决策方案。

行政决策执行与完善是行政决策不可缺少的阶段。通过建立健全决策评估制度和信息反馈制度等，形成决策程序的制度化与法治化。畅通行政决策的反馈渠道，有利于获取偏差的信息，适时调整和完善有关行政决策。美英等发达国家越来越重视行政决策评估，希望通过实行结果导向型和服务导向型的决策评估制度，为下一步决策制定与执行提供基础。

科学的决策程序能够保证决策结果的科学性，有助于避免行政决策的随意性。西方发达国家和新兴工业化国家政府都非常重视行政决策程序的法治化建设。美国、英国、日本等发达国家都通过制定实施《行政程序法》及相关法律，或是通过政府首脑的有关政令，对行政决策活动规则加以规范。

（四）行政决策执行的多元化

为了减缓财政压力，应对财政危机，提高行政效率和国家竞争力，当代西方国家兴起了行政改革运动，其中改革的主要趋势是将“掌舵”与“划桨”，亦即决策与执行分开，并形成了执行局模式、大部制模式和市场化模式。这些模式既各有侧重，但也有相同之处。从总体上看，这些模式都表明行政决策执行的自主性不断加强，正日益趋向专业化社会化与市场化。

执行局模式草创于美国，但美国本身在执行局方面没有多大发展，其贡献在于影响到英国、新西兰、荷兰、丹麦等国的执行局化改革。下一步行动方案的实施，标志着英国行政决策制定与行政决策执行分离改革的开始。经过执行局化改革之后，英国一方面在中央部委内部实现了决策职能与执行职能的分离，核心司负责制定决策，由相对独立的执行机构来负责政策的执行，从而形成了核心决策司与执行局构成的部；另一方面，有些部委既有核心决策司和执行局，同时还有一些非政府组织参与了行政决策的执行。

决策制定与决策执行分开，行政决策执行的自主化和社会化，使得英国中央部门得到精简，提高了公共服务的质量和效率。新西兰、荷兰、丹麦等国家也实行了执行局化改革，尤其是新西兰通过采取产出管理模式，推行了彻底的执行局化改革，决策与执行实行了比较彻底的分离：部长负责结果，首席执行官负责产出；部长选择结果并购买产出，首席执行官选择必要的投入。与自主化执行局类似的是，美国、澳大利亚等国家通过实行大部制模式，将执行任务交给大部委内部的独立机构或法定机构来完成，同时也按照竞争、合同承包等方式将一些执行任务外包给政府之外的组织来执行。

事实上，无论是执行局模式，还是大部制模式，在具体运作上一般都采取了市场化运作等方式，在决策执行中引入了市场机制和竞争机制，形成了公共部门、私营部门以及非政府部门等多元主体参与执行竞争的局面。

英国、荷兰、新西兰等国家在推行执行局化改革过程中，既实行了行政机关内部的决策制定职能与决策执行职能的适度分离，从而在政府内部形成核心司一执行局的格局，同时又通过市场化改革，让私营部门、非政府组织参与决策执行。在决策执行的多元化趋势中，荷兰最为闻名。在荷兰行政改革中，私有化被认为是削减预算和政府人事规模以及加强私营部门的重要手段。深厚的社团主义历史使得社会社团和私人组织在荷兰的政治、经济等生活中发挥着重要的作用，这也使得荷兰不仅有许多执行局负责决策执行，而且还有很多私营组织和非政府组织依据市场的逻辑参与自主化执行。

政府再造运动在美国的兴起，促使美国政府更多是通过合同出租、公私合作等形式，实行公共服务供给的市场化运作。无论是在联邦政府层次上，还是在地方政府层次上，美国越来越多采用合同出租的方式，将公共服务提供承包给非政府组织和私营组织。决策与执行的分开，公共服务供给的市场化取向，目的就是要打破政府垄断公共服务的供给，通过多元竞争，提高公共服务供给的效率。

（五）行政决策的听证、信息公开和问责制度的完善化

基本制度或规则为行政决策体制的完善和优化提供了制度支持。为了确保信息和回应机制的畅通，保证决策权力和决策责任的对等，国外众多国家都建立了行政听证制度、政府信息公开制度、政府绩效评估制度以及行政问责制等具体制度。这些基本制度为行政决策权力在阳光下运行提供了保障，也解决了公民参与决策的问题，提高了行政决策的民主化、科学化和法治化。

听证的价值在于它具有信息传播、政策宣传等决策社会化的功能。健全的行政听证制度既有利于发现事实，获得各方意见，输入各种要求，也有利于决策者了解公众的愿望，输出合理性的决策。以美国、德国、日本等为代表的发达国家，为了充分表达民意，协调各方面的利益，提高政府决策的质量，都广泛实行了决策听证制度，并在各自的发展过程中，形成不同的特点。美国早在1946年就制定并颁布了《联邦行政程序法》，首次以成文法的形式明确规定了行政听证程序，使之成为行政决策活动的一个主要环节，由此成为世界各国建立听证制度的典范。

政府信息公开不仅可以满足公众的信息自由权，更在于它有助于确保行政决策回应机制的畅通，有利于公民参与和监督行政决策制定与执行。政府信息的暗箱操作，不利于公民和社会各界参与决策过程和监督政府行为，也无法提高行政决策的开放性、民主性与科学性。1766年瑞典就制定和实施了《出版自由法》由此开启了信息公开立法的先例。至今，世界上至少有50个国家和地区相继以立法形式建立了政府信息公开制度，这为保障公民知情权，推进行政决策民主化等提供了有力的制度支持。

新公共管理运动的兴起,促使了国外绩效评估和绩效问责的发展。美国、英国、澳大利亚、日本、韩国等都通过政府绩效评估来确保行政决策制定和执行与公共责任相一致。

在西方发达国家,已经形成了一整套比较完备和成熟的行政问责制度体系。无论是"候鸟官员"还是"常住官员",作为决策制定者和实施者,他们的决策行为、决策效果乃至个人行为都要受到监督。行政问责制已经成为西方国家防治权力腐败,防止决策失误的成功之道。作为一种有效的治理方式,行政问责制随着政治、经济、社会以及文化的发展而发展,从传统的等级问责、法律法则、选民问责,发展到现在的公民参与式问责、绩效问责、结果问责、预算问责等。尤其是在有限政府和责任政府的改革浪潮影响下,行政问责制在国外行政决策制定和实施中的作用越发凸显。迄今为止,西方发达国家已经从权力、权利与法律等各个方面对行政决策制定和实施进行了监督,建构起了议会问责、选民问责、司法问责、媒体问责、民间组织问责、良心问责、绩效问责、结果导向型问责、预算问责等全方位的问责体系。

此外,在新形势下一些国家非常重视社会决策,建立健全了危机决策制度。尤其是西方发达国家,既建立了一整套的安全法律法规制度,而且建立了以政府首脑为核心的危机决策中枢,同时辅以运转高效的情报收集和分析系统。例如,美国形成了世界上独一无二的危机管理决策模式,它以总统为核心,以国家安全委员会为决策中枢,国务院、国防部、司法部(及其下属的联邦调查局和移民局)等有关部委分工负责,中央情报局等跨部委独立机构负责协调,临时性危机决策特别小组发挥关键作用,国会负责监督。再比如,日本也形成了法律体系完备、政府资金投入体系科学合理和社会参与体系健全的危机决策管理制度模式,它以首相为最高指挥官,由内阁官房负责总体协调与联络。

三、国外行政决策法治化经验对我国的启示

(一)建立决策、执行与监督分工明确、相互制约的体制

现代行政决策体制内部四大机构组织应该是相互独立、各司其职,又相互协调、精诚合作的,但我国行政决策信息咨询机构、决策执行机构和决策监督机构都依附于决策中枢机构,独立性不强。要改变这种状况,这就需要建立起决策、执行与监督分工明确、相互制衡的体制。

其一,实现"谋"与"断"的相互分离与相互分工,建构起多样性的决策信息咨询体系。决策信息咨询机构的主要功能就是出谋划策,进行决策研究和决策咨询,为决策提供信息与智力支持,而要实现其功能,需要以制度和立法的形式明确规定其地位,使其与中枢机构相分离,赋予其相对的独立性和灵活性;要在机构编制、人员组成、经费供给、管理机制等多方面给予充分的保障和支持。作为政府内部的信息咨询机构,要将其与意识形态和政治宣传单位区别开来,为其营造独立研究的环境,同时要重视和有效利用信息咨询机构的咨询成果和政策建议。对于政府外部的信息咨询机构来说,独立性不是一个问题,而主要是要解决其如何有效地影响到行政决策制定。大学附属型的思想库拥有丰厚的决策资源,问题是要建立有效的信息上报渠道和专家库,以使有见地的思想和政策建议能够及时传递到决策中枢机构。另外,鼓励社会和企业创办越来越多的民间信息咨询机构,将政府咨询业务以合约外包形式委托给民间咨询机构,发挥出民间思想库的作用。一句话,"谋"必须归位,既不能越俎代庖,僭越自己的权限,但也不应该缺位或虚位,在行政决策过程中看不到其影子或者只是摆个样子,而是要建构起多样性的具有相对独立性的信息咨询机构。

其二,实现决策制定与决策执行的相互分离。决策与执行的分开是现代行政决策体制的发展趋势。许多国家纷纷建立了执行局(法定机构)或非

政府组织和私营部门来专司决策执行任务。对于我国来说,一是可以在大部委内部实行权力的合理分工,使决策权、执行权与监督权由同一部委的不同机构专门行使;二是依法设立业务相对独立的法定组织来行使执行性职能。从长远发展来说,则要逐步发展到利用私营部门和非政府组织来参与执行政府决策,政府授权将一些具体执行职能交给市场和中介组织,由它们依据市场规律自行完成执行性职能,形成行政决策执行的公私合作模式。总的来说,我国未来行政决策执行模式可以有三种,即大部制模式、法定机构模式和公私合作模式,它们相互独立但又共同参加竞争决策执行。

其三,赋予监督机构独立地位。我国行政决策监督主要是同体监督,而且监督机关由于受到双重领导,,实际上很难开展工作,监督的效力也就可想而知。因此,要适度分离决策权、执行权与监督权,确保监督机构的独立性。

其四,要从总体上实现决策、执行与监督的相互制约。在决策时,行政决策的制定者要受到执行者和监督者的监督和影响,但在行政决策的其他阶段,决策制定者则成为考评者和监督者,同时也要负责考评相对应的决策执行和决策监督的效能。行政决策执行是一个再决策的过程,在执行中可以发现问题并修正决策。而行政决策的监督者既要在行政决策授权阶段做好监督,从源头防范行政决策的失误,同时又要密切监督行政决策的制定与实施,这也就是说行政决策的监督是全程的,是事前监督、事中监督与事后监督的紧密结合。一句话,决策、执行与监督是相互分离、明确分工,但又是相互制约、互相促进的。

(二)转变政府职能,找准行政决策的“边界”

政府行政决策必须要有明确的边界。正如彼得·德鲁克所说:有效的管理者明白,一项不符合边界条件的决策,肯定是无效和不适当的决策。在发展社会主义市场经济和建设服务型政府的新形势下，为了提高行政决策的效能，我国政府必须转变职能，找准行政决策的“边界”，以限权来简约行政职能，同时通过授权和放权，扩大市场、企业和社会组织的权限，以解决我国行政决策权力过于集中，市场和社会分权不足等问题。同时，要通过决策职能和权限的合理划分，确定中央政府与地方政府的决策边界。

其一，以限权来简约行政职能。现代政府应当是一种有限的责任政府，政府的职能不是去做大事，而是要做自己该做的事情，不应该跨过自己的职能边界，僭越了市场和社会的职能。在社会主义市场经济条件下，政府职能主要是经济调节、市场监督、社会管理和公共服务，政府该管的事情一定要管好，不该管的事坚决不管。市场失灵和不足的地方，正是政府介入的界域。尤其是大部门体制改革之后，政府在行政决策中扮演的主要是决策者、规划者和统筹者，但是，具体职能应该分化出来，将一些管不了、管不好的职能交给市场和社会组织去完成，以便政府集中精力做好自己的事情。这同时需要政府承担起再造公民社会和非政府组织的新职能，大力培育非政府组织，提高非政府组织的决策能力。

其二，以授权来扩大市场企业和社会的职能。政府在收缩行政决策范围的同时，应当逐步将一些职能赋予或归还给市场、企业和社会，由市场、企业和社会组织去完成一部分公共行政事务。市场有自己的运行逻辑和自我调节功能，而且市场在实现微观经济职能方面比政府更有效，因此政府对市场的干预只能止于市场失灵的地方，以纠正市场的缺陷，但是市场自行运转良好的职能无须政府干预，在自己的领域内，市场应当有自己的决策权限。同样，企业生产物品的职能是政府所无法代替的，因此政府要从微观经济活动中转移出来，凡是按照国家法律法规的规定属于企业行使的职权，各级政府都不要干预。同时，为了提高行政决策执行的效率，政府可以授权把一些具体的服务职能和执行职能外包给企业或社会组织，通过执行职能的市场化运作来提高公共物品供给的职能和效率。

其三，以决策权限的合理划分来确定中央与地方的行政决策边界。我国传统上的中央地方决策模式具有自己的特点和优点，但是也存在诸多问题，主要表现为决策权力过于集中在中央，而地方无权或少权，但一旦出现决策失误，地方又往往要承担主要责任，这也是地方政府和官员通常所抱怨的"责任无限大、权力无限小"的尴尬局面。如何改变这种"有权无责、有责无权"的状态，就需要进一步合理划分中央与地方的决策权力，划定中央与地方的职能权限。凡是事关国家主权、国家利益和国计民生的重大决策权责自然都应该归属中央，但是涉及地方具体建设的行政决策权限应该归属地方政府。中央负责全局性、根本性的重大决策，而地方在执行中央决策的同时，按照权责对称的原则享有自己权限范围的决策权力。中央政府一方面要放松规制，同时又要从以往事无巨细什么都要过问，转为加强对地方行政决策的宏观指导和监督问责，既要保证地方政府决策与中央政府决策目标、方向的一致性，同时又能充分调动地方各级政府在行政决策中的积极性、主动性和创造性，处理好决策主体之间的权责关系。

划定政府与市场、政府与企业、政府与社会组织以及中央政府与地方政府之间的决策边界，目的就是明确分工，以使公域与私域内的决策主体能够各司其职，提高决策的质量和效率。

（三）扩大公民和外脑的决策参与，促进行政决策体制的民主化

十一届三中全会以来，党和政府在推进决策民主化方面做了大量工作，甚至将"深入了解民情、充分反映民意、广泛集中民智、切实珍惜民力"十六字的决策方针写入了党的报告之中。为了进一步推进行政决策体制的民主化，需要转变观念，将行政听证制度、政府信息公开制度等落到实处，保证公民有序的政治参与和决策参与,同时用好各种外脑,加快各种智囊机构的建设。

第一,转变观念,从“为民决策”转为“与民决策”和“让民决策”。公民不是行政决策被动的接受者,而应当是行政决策不可缺少的行动主体。行政决策问题往往都是与公民利益有关的重大问题,决策领域是公民利益表达的重要领域,公民参与行政决策的制定、执行与监督是在决策领域维系自己利益的重要手段,也是现代民主制度的重要内容。不了解民情和民意,无法制定出真正民主与科学的决策;没有民智与民力的支持,行政决策的制定和实施也缺乏应有的基础和动力之源。行政决策的制定与执行是否具有合法性和有效性,关键还需要社会民众来判定。因此,必须转变观念,从“为民决策”转变为“让民决策”和“与民决策”。

第二,建立健全相关制度,确保公民参与决策的制度化水平,推进行政决策体制的民主化。信息公开是公民参与决策的前提。满足公民的知情权,为其提供足够的信息,也是促使和保证公民参与决策的先决条件。所以,政府在作出决策时应主动公开信息,向公众咨询,对公众的需求积极主动地作出回应。2007年我国制定并通过了政府信息公开条例,并于2008年5月1日开始实施。但与国外信息公开制度相比,我国信息公开是属于政府主导型的。“政府决策、政府执行、政府监督”封闭型决策模式还未得到根本改变,这也使得公民还不是很容易了解政府信息。因此,要进一步推进政府信息公开制度建设,增强政府行政和决策的透明度,落实公民知情权,便于公民参与行政制定与监督。

行政听证制度也是公民参与决策制定和监督的有效途径。听证制度最早发端于英国,二战之后,越来越多的国家或地区在行政决策中采用了听证制度,大大促进了行政决策的民主化与科学化。我国党和政府也很重视听证制度建设,党的十六大报告明确提出要完善重大决策的规则和程序,建立社情民意反映制度,建立与群众利益密切相关的重大事项社会公示制度和社会听证制度、完善专家咨询制度、实行决策论证制和责任制,防止决策随意性。党的十七大报告再次提出制定与群众密切相关的法律法规和公共政策原则上要公开听取意见。自1993年深圳市率先建立起价格审查制度之后,我国听证制度得到了一定的发展,但至今为止,我国的听证范围还比较窄,目前主要适用于行政立法、政府的定价行为、城市规划等领域,且听证主持人往往都是主管部门的官员,独立性不强。这就需要进一步扩大行政听证的范围,扩大行政听证代表的代表界域,让更多的公民能够参与行政听证。十届人大一次会议《政府工作报告》中指出,要进一步完善公众参与、专家论证和政府决策相结合的决策机制,保证决策的科学性和正确性。加快建立和完善重大问题集体决策制度、专家咨询制度、社会公示和社会听证制度、决策责任制度。所有重大决策,都要在深入调查研究、广泛听取意见、进行充分论证的基础上,由集体讨论决定。这些要作为政府的一项基本工作制度,长期坚持下去。

从"为民作主""为民决策"到"与民决策""让民决策";从封闭决策到透明决策;从信息不对称到公开政府信息,扩大行政听证范围,保证公民知情权等等,所有这一切都是为了扩大公民的决策参与,提高我国行政决策体制的民主化水平。

第三,完善政府内部决策民主,进一步加快咨询机构的发展。在不断扩大公众参与决策的同时,不可忽视政府内部的决策民主建设。这也就是说在政府内部要杜绝"长官意识""一言堂""个人说了算"等决策行为,而是坚持民主集中制原则,发扬民主,发挥集体的智慧和力量,实行集体决策。行政决策体制的民主化,不但要求在行政决策制定时要反复研讨和论证,充分发挥民主,集思广益,广泛听取各部门、各地方、各种社会组织以及群众的意见，实现层层参与决策，人人参与决策，智囊团和专家人员的意见能够得到及时反映，而且也要求在行政决策执行、监督和评估时，鼓励和支持各种力量参与进来，听取各方意见，及时调整和完善行政决策。尤其是随着行政决策环境的日益复杂化，行政决策内容的日益专业化，各种外脑的作用日益凸显。所以，要在发展体制内的咨询机构的同时，加快发展独立于政府之外的信息咨询机构，从而促进信息咨询的多元竞争，以此提高决策咨询的服务水平，进而帮助提高行政决策的质量，促进行政决策制定的民主化。

（四）加强决策评估和监督，推进行政决策体制的法治化

在某种程度上，正如有人所说，决策的失误是最大的失误，而决策腐败则是所有腐败中最大的腐败，这说明行政决策监督不容小觑。当然，加强行政决策监督有不同的路径，有人指出，决策实体性监督是决策监督的重点（即加强对行政决策权限的监督）；对决策程序的监督是行政决策监督的关键；政府信息公开与决策透明是行政决策监督的前提；完善的监督制度是行政决策监督的保证。要进一步推进我国行政决策体制的法治化，这就需要：

第一，重视行政决策的评估，以绩效评估来监督行政决策的正确运行。评估事实上就是一种监督。决策评估主要关注的是决策方案是否具有可行性，决策制定是否具有合法性，决策实施是否具有程序性和规范性，决策方法是否具有科学性等。决策的事前评估主要是判定决策的可行性或必要性；决策的过程评估主要是考量、判定决策的合法性和程序性，密切注视行政决策执行过程中可能出现的问题，修正或中止不良决策或无效、低效决策；决策的事后评估主要是评价决策的效果，并进行经验总结，为下一次决策服务。

第二，加强行政决策的人大监督。一个有效率的，被赋予统治权力的代议机构，应该不只是像国会那样，仅限于表达全国民众的意志，而还应该领导民众最终实现其目的，做民众意见的代言人，并且做民众的眼睛，对政府的所作所为进行监督。严密监督政府的每项工作，并对所见到的一切进行议论，乃是代议机构的天职。人大是我国的民意机构，是我国人民参政、议政、实施法律监督的主要机构，也是监督行政决策的权威机构。但在实践中，人大本该是最有权威和最有力量的监督机构，却并没有发挥出应有的作用。针对我国人大对行政决策监督的“缺失”或“失语”的现象，有必要在行政决策过程中，加强人大的实体性监督，监督行政决策权限是否合理；加强对行政决策的程序监督，重点监督行政决策制定和实施是否遵照科学的程序，并通过行使质询权、特定问题调查权、罢免权以及撤销权等，否决与撤销不适当行政决策，对违法决策造成重大失误的决策者进行问责。

与此同时，可以借鉴国外的经验，在人大系统内部设立独立的监察委员会或建立人大行政监察专员制度，确保人大对行政决策监督的威力和效力。人大行政监察专员由国家主席提名，人大常务委员会投票决定任免，任职终身，直至法定退休年龄。除非由于重大违法行为，由人大决定罢免之外，不能任意免除其职务。根据德勤能绩廉等方面考察监察专员的提名、任命。行政监察专门委员会和行政监察专员只对人大负责、接受人大常委会监督。行政监察专员在其权限内独立自主地行使广泛的调查权、建议权和质询权，不受行政机关和司法机关等干涉。

第三，加强行政决策的行政监察。根据相关规定，我国行政监察机关有检查权、调查权、建议权和决定权等监察权。但从实际情况来看，我国行政监察依然存在着“漏监”“虚监”“弱监”等问题，行政监察偏重于“纠偏于既遂”，而实际上是“事前基本没有监督，事中基本难以监督，事后基本不监督”。针对我国行政监察体制存在的问题，可以借鉴美国的监察长制度和日本中央行政监察委员会制度，设立独立的行政监察机关，直接向各级人民代表大会负责，使监察机关同审判机关、检察机关的法律地位相一致，与各级行政机关的法律地位并列，从而提高我国行政监察部门的地位、监督权威和效力。

第四，完善行政决策的层级监督。行政决策的层级监督就是指行政机关内部上级对下级的监督，主要表现为中央对地方、上级官员对下级官员的监督。作为一种单一制和中央集权制国家，我国行政决策的层级监督具有内在的优势，易于自上而下实施监督，但自下而上监督还比较困难，而且由于行政层级监督缺乏相关立法，监督主体、监督范围、监督内容、监督程序以及监督结果运用的规定都不十分明确，造成了行政决策层级监督上的许多盲点。因此，需要进一步完善行政决策层级监督的有关立法，加强行政机关内部的自我监督与自我纠错能力。

第五，健全行政决策的审计监督和司法监督。审计监督是行政机关的内部监督，是一种专门监督，与司法监督不同，审计监督所实施的手段是行政手段。审计机关具有调查权、处理权和通报权。但目前我国审计监督也存在着一些缺陷，如审计范围过于狭窄、审计监督独立性不足等。我国审计机关既要对本级人民政府负责，又要对上一级审计机关负责，双重领导使得审计机关的监督效力受到影响。可以借鉴国外的经验，将我国政府型审计监督转变为立法型审计监督，即可以尝试成立人大审计工作专门委员会，直接向人大负责，以提高审计监督的独立性和权威性。

目前我国司法机关虽然与行政机关处于平等地位，但实际上司法机关处于弱势地位。行政机关掌握着各种资源配置权，而司法机关的人财物不同程度地受到行政机关的控制和影响。因此，要真正发挥出司法机关对行政决策的监督效力，必须进一步加强司法监督。在经费预算上，可以把全国司法机关的经费单列开支，列入国家财政预算之内，以摆脱司法机关受制于政府的现状，同时可以汲取美国司法审查制度和法国宪法委员会制度的经验，在全国人民代表大会设立宪法监督委员会，使其拥有独立行使解释宪法、受理违宪诉讼、宣告违宪的法律法规和行为无效的权力，以此加强对行政决策活动的司法监督。

第六，加强公民、社团和舆论对行政决策的监督。不可否认，我国当前行政决策中的舆论监督和社会监督重要性不断得以彰显。但透过舆论监督看似热闹的现象背后，可以发现在我国舆论监督还是十分有限的，舆论监督总体上是疲软的。一方面，舆论监督遭遇许多障碍，如政府封锁决策信息，公众、社团和媒体等因为无法获得决策信息而无法监督决策。再比如，一些重大决策失误出现之后，媒体报道受到制约。另一方面，社会监督的渠道并不十分畅通，无论是公众还是社团组织参与决策监督的渠道是有限的。为此，应该健全舆论监督法制，从法律上确保社会舆论尤其是新闻媒体的监督权力；进一步扩大政府信息公开，保护公众、社团组织和新闻媒体的知情权，以便实现有效行政决策监督；培养公民参与性的政治文化和公民监督意识，完善公民监督的法制建设；正确认识社团的监督功能，推动社团监督立法。

行政决策监督是一个多层次的完整系统，行政决策监督体系的法治化是落实行政决策民主化与科学化的有力保障。我国应当依法完善和加强行政决策内部的一般监督和专门监督，完善行政决策外部的人大监督、司法监督、政党监督以及社会舆论监督等，以此提高我国行政决策监督的法治化。而行政决策体制的完善和优化，不仅需要合理划分决策权力，科学设置决策机构，而且需要扩大行政决策的公民参与，还需要规范决策程序，依法加强决策监督，从而促进我国行政决策体制的合理化、民主化、科学化与法治化。

第二节 温岭民主恳谈个案分析

一、民主恳谈的背景

(一)温岭概况

温岭地处浙江东南沿海,长三角地区南翼,三面滨海,是全国人口密度最高的县市之一。改革开放以来,温岭的经济社会持续、快速、健康发展,先后荣获"全国农村综合实力百强县市""中国明星县市""全国农民收入先进县市""国家可持续发展实验区""国家级生态示范区"等称号。第一家股份合作制企业就诞生于温岭。2007年,社会经济综合发展指数、县域经济基本竞争力和城市创新能力分别居全国百强县市34位、14位和6位。温岭是浙江省优先培育的中等城市,是省首批扩权县市之一,温岭的地理优势及生产生活方式,培育出艰苦奋斗、勇于创业、敢闯敢冒、不甘落后的人文精神。温岭人有一种奋发有为、昂扬向上、创新创业的精神状态,这为温岭的发展提供了持久强大的精神动力。

(二)温岭经济概况

温岭的经济是典型的"草根经济",不是靠国家投入,而是自主找路子。1984年,第一家股份合作制企业诞生于此。通过股份合作制,温岭解决了创业资金匮乏的难题,同时释放出民众自主创业的能量。温岭工业化走的是一条"演进型"道路。20世纪90年代中期以来,民营经济逐步建立现代企业制度。技术密集型企业逐步壮大,形成了机制灵活、市场活跃、民资丰厚的区域经济发展特色。

目前,全市拥有汽摩配、水泵、制鞋、帽业、空压机、船舶修造、建材、注塑等大型行业,体现出明显的"一镇一品""一村一品"的块状经济发展特征。

(三)兴起的公民社会

温岭人具有“敢冒险、有硬气、善创新、不张扬”的人文精神。这种精神气质与较早发育的市场经济锻造了温岭人的共同体意识和平等身份观念。无论在市一级,还是在村镇一级,民众关心公共事业,关心社区治安、公共卫生、公共预算、公共福利等事务。他们广泛参与公共讨论,积极建言献策,直言不讳提出批评。“温岭商会”等民间组织兴起,志愿者队伍自发形成。一定意义上社会和政府的对话机制已经建立。温岭人创业成功后积极投身于社会公益事业,增强了公民的政治认同感。同时,民间组织以及具有权利意识的公民个人对政府行为构成有力的监督制约。

(四)以民为本的政治建设

温岭的政治建设较为突出的是党的制度创新。温岭市在全市范围推行党代表任期制与党代会常任制。实行任期制后党代表活动有了制度保障,代表权利得以落实。同时还实行党代会代表述职评议,如果被评议为不称职,就要主动辞去代表职务。近两年全面推行党组织换届选举“一评两推一选”办法和村委会自荐海选办法。温岭规范干部任用提名制度,完善公开选拔、竞争上岗、差额选举等办法,改进考试与测评工作,增强民主推荐、民主测评的科学性和真实性。

温岭改革开放四十五年,既是经济创业的四十五年,也是制度创新的四十五年。经过四十五年的改革与发展,温岭经济发达、政治气氛宽松、干部创新意识强、公民文化发育较早、公民社会初步形成、民主土壤已经具备。温岭的地域文化中蕴含着独特的创新意识。温岭人将自上而下的制度建设和自下而上的制度创新有机结合。官员开明的作风和民众的民主诉求共同催生了参与式民主的有效形式——民主恳谈。在温岭孕育出“中国世纪农村基层民主政治建设的一道新曙光”。

二、民主恳谈的发展历程

(一)初创阶段(1999—2000年)

民主恳谈起源于党的思想政治工作的新形式——“农业农村现代化教育论坛”。1999年6月,温岭市松门镇作为试点镇尝试改变传统的单向灌输说教模式,采取干部与群众面对面交流的形式。第一次就有100多位群众自发参加与镇领导的对话,议题涉及经济发展、社会治安、村镇建设、邻里纠纷等各层面。平等对话得到群众的热烈拥护,这出乎党委部门的预料。到了年底,温岭市委号召各乡镇开展形式多样的民主对话活动。次年,全市在松门镇召开现场会议,将各地开展的名称各异、形式多样的基层民主统一称作“民主恳谈”。从“教育论坛”到“民主恳谈”有两点规范。一是议题逐渐明确具体,二是信息公开透明。凡恳谈会涉及的议题、方案都予以公开。此后“民主恳谈”很快从松门扩展到其他乡镇、村和社区。

(二)初步发展阶段(2000—2005年)

2001年,温岭出台“意见”对民主恳谈的形式和内容做了规范化、制度化的设置。提出和确定民主恳谈的程序和方法、决策的实施过程、结果的监督等规定。镇一级主要解决经济和社会发展中群众普遍关心的热点、难点问题。在村一级,民主恳谈作为村级民主议事机制,针对村级财务公开、村里公共事务和农民群众切身利益密切相关的事项进行对话协商,提升群众自我治理的能力。2004年出台了《中共温岭市委关于“民主恳谈”的若干规定(试行)》,对各层次的民主恳谈的议题、程序、实施和监督做了规范。各乡镇根据自身实际也提出了操作性意见。

这一时期,民主恳谈与人大制度结合逐步进入改革者的视野。2004年8月,温娇镇召开民主恳谈会,讨论吉屯坑水库引水工程以及增加年度基本建设财政预算项目,镇政府根据民主恳谈结果修正了建设方案,并向镇人大主席团提交了《关于吉屯坑水库引水工程建设和增加年度基本建设投资预算的议案》,人大主席团召开镇临时人民代表大会对议案进行审议表决通过。民主恳谈领域逐渐扩展,"警民恳谈""党内民主恳谈""企业劳资恳谈"纷纷举行。"警民恳谈"由温岭太平派出所首创。公安机关现场回答群众提问,听取群众的批评意见。恳谈对象、恳谈内容、恳谈形式不受限制,什么都能谈,怎么谈都可以。2003年,制定了警民恳谈考核规则。"警民恳谈"改变了温岭的警察的形象,也提升了政府形象。

民主恳谈向纵深方向发展的另一个标志是将民主恳谈机制引入党内。2004年6月8日,温岭首次党内民主恳谈会召开,参加的人员有市委位领导、位市党代会代表、75位党代表,会议由党代表提出建议案和提案,市委领导以对话交流的形式进行答复。

"行业工资协商"是温岭民主恳谈的又一重要创新,在新河镇、泽国镇的羊毛衫、水泵等行业首先试行,行业内职工和企业主双方分别授权行业工会和行业协会,分别就行业工资、分配形式、工资水平等事项进行评定协商,在协商一致的基础上签订工资协议,并出台了《关于在非公有制企业开展"民主恳谈"活动的意见》。实施行业工资集体协商制度以来,新河镇的羊毛衫行业工人工资逐年提高,逐步实现了工资纠纷案件"零"投诉。

(三)加快发展阶段(2005—2008年)

温岭的进一步创新在于将民主恳谈与财政预算审查结合。2004年开始,温岭考虑如何深化民主恳谈机制,而不致在原地打转或流于形式。新河镇首先探索将民主恳谈与预算制定结合起来,人大代表在预算过程中全程参与,老百姓也自愿参加到制定过程中来,允许所有人发表或提出意见,并可旁听人大会。2005年以后,参与式预算改革逐步形成两种模式,即"新河模式"与"泽国模式"。如果说新河模式是指在体制内参与的话,泽国模式就是指通过体制外民众参与预算的编制修正。新河在预算编制和初审中，人大代表参与全过程，公众自愿参加预算编制。他们把预算程序分预算草案初审、镇人代会审议与批准预算草案、预算执行与预算监督几个环节，具体做法是细化预算草案、公开预算草案、公开审查过程、公众广泛参与。“新河模式”规定人大代表5人以上联名可提出预算修正案，这在国内是首创。为了方便人大代表在人代会闭会期间开展预算监督，专门设立了人大财经小组。这些细化措施得到了法律专家的高度评价。“泽国模式”则是通过随机抽样产生民意代表参与政府预算项目编制的协商机制。泽国镇运用“协商民意测验”的方法，让随机产生的民意代表来讨论预算决策中的主要项目。“泽国模式”体现的是精致化的民主恳谈模式。

（四）全面发展阶段（2008年至今）

2008年，民主恳谈发展到市直部门。市交通局率先开启了部门预算恳谈。2009年扩大到2家，2009年以后将民主恳谈推广到“两个80%”，即乡镇财力的80%、市级部门财力的80%，绝大多数的财政预算通过民主恳谈确定下来，真正体现了公共预算的公共性和透明性。2009年，绝大多数乡镇实施参与式预算。2010年，部门预算民主恳谈的大门正式向普通群众打开。2018年，温岭首次将民主恳谈融入政协协商。

三、民主恳谈的发展特征

（一）从基层民主到参与式民主

民主恳谈一开始是一种基层民主。即在农村自治的范围内由居民参与集体事务，自己的事情自己办、民主讨论决策、行使直接民主权利，实现自我管理、自我教育、自我服务、自我监督的目标。在基层民主发展中，温岭党委政府有意识引导公众对政府决策介入和参与，而这种想法一经试验就受到当地百姓的热烈响应，从此对公众利益有重大影响的决策都采取这种形式，并获得了成功，官员们也获得了取信于民的经验。

温岭的参与式民主是以政府为主导、引入公众参与这一因素，对政府决策事项公开公告，政府聆听公众意见，而且公众之间也进行说服、接受、妥协、合作。积十年之功，民主恳谈形成了自己的特色，学者们称之为“温岭模式”。实际上是一种具有乡土气息的参与式民主形式。温岭乡镇政府决策通过恳谈实现民主，“恳谈”体现的是人大代表和普通民主的沟通理性，“参与”成为乡镇决策的法定程序，不经这一程序的决策会被民众视为不合法。

决策者必须坚持程序公正与公开原则，不能重返“关门决策”的旧轨，新河、泽国、箬横等镇公众广泛而积极地与政府对话，参与公共事务的决定。温岭还积累了许多实际经验，如主动邀请人大代表、政协委员、离退休老干部参与政府决策，他们发言积极，建议富有建设性。听证会和论证会上“两代表一委员”的积极作用无可替代。这种参与是在党委领导下进行的。在乡镇一级，党政基本“合一”，只有党委书记主动支持，参与式决策的实验才有可能进行并取得成功。这一关键性因素不可忽视。

（二）多主体、多形式的复合发展路径

所谓民主恳谈的多主体性，体现在十年来不仅有政府及其职能部门，还包括党委、社区和村民自治组织、社会团体、行业协会和企事业单位也被号召开展民主恳谈，更有意义的是县乡两级的人大与县一级政协都利用各自职能开展政情恳谈活动。在温岭，通过人民民主带动了党内民主，党委的民主恳谈扩大了主题范围。另外，民主参与不仅集中在行政与政治领域，也扩展到经济领域和社会领域。在一些私人企业实行了劳资协商机制，行业工资协商就是一个典型的例证，新河镇羊毛衫行业的工资协商机制充分体现了经济民主。企业员工参与非公企业管理，说明参与式民主的形式除了参与决策外，还有民主管理功能。温岭模式最具战略意义的是参与式预算改革，这一实践活动撬动了人大代表的法定职能，让他们真正代表人民利益，看住“钱袋子”，让公共财政为民众谋利，体现出人民意志。

（三）体制内民主与法治的互动

民主恳谈的制度创新是在地方党委的领导下进行的，是一种有序的参与实验。十年来，很多地方的制度创新都不能坚持下来，而温岭模式却坚持下来，并不断发展、日趋成熟，个中原因引人深思。

2009年10月，长期参与、指导、观摩温岭民主恳谈的学者重聚温岭研讨会。会上，李凡先生认为温岭经验对于全国基层民主的发展来看，不完全是一个地方试验，只具备地方意义，而且具有总体性的意义，对中国的民主发展来讲是全局意义的。张小劲教授认为温岭民主恳谈表现为四点，党和政府为主导、群众为主体、民主决策为主题、多轨并行为主要形式。周梅燕教授总结温岭民主恳谈有三大功能：公民学习与实践的课堂、财政资金的公平分配、人大制度改革的推动力。浦兴祖教授认为温岭经验回答了三个问题：第一个问题是搞民主会不会影响党的领导。温岭经验显示党委组织和支持人民当家作主，是加强党的领导的体现。第二个问题是搞民主会不会影响稳定。不仅不会影响稳定，还有利于持久的稳定。第三个问题是老百姓素质太低是不是跟得上。事实上利益驱动人们参与到民主进程中来，不用害怕所谓民主素质的问题。

温岭模式是在体制内所做的一种民主与法治的改革，是以参与式民主启动渐进法治之路的一种尝试，一方面符合民众程序民主和实质利益要求，另一方面符合现代控权与维权精神。政府在决策过程吸纳公众参与，提高政府决策的合法性和政策执行的有效性。

(四))从合法性到合法律性

追求政治合法性是民主恳谈的初衷。通过公众参与，让政府决策获得同意，在决策执行过程中减少阻力。在民主恳谈制度化的进程中，逐渐从政治合法性向合法律性发展。温岭逐渐形成一套通过公民参与和公共审议来决策、治理与监督的机制，开创了国内预算参与、协商、监督结合的典范。在参与式预算中，新河镇采用了代表辩论程序和票决制，进一步为人大代表发挥作用创造了条件。通过多年的民主恳谈，基层干部民主行政能力得到锻炼，凡是搞民主恳谈的乡镇官员都能从容面对群众，理性面对质询。温岭的官员坚持“法律保留原则”，做到决策不违法，降低操作风险。经过多年制度建设，民主恳谈形成人大前台主持、党委幕后指导、政府积极应对的格局。在制度层面，民主恳谈程序与法律程序紧密结合，呈现合法律性的特征。

四、民主恳谈的价值和意义

（一）理论价值

景跃进教授曾经把民主恳谈比喻成一个大火锅，专家、学者、官员和老百姓不断往里加辅料，显得更加多元了！使它在不同领域、不同程序上都发挥着作用。确实，温岭人赋予民主恳谈以丰富的内容，在不同层面、不同领域、不同途径上都得到了阐述。究其原因，民主恳谈是一场中国式经典的参与式民主实验。它以公众参与政府决策为主要形式，以制度完善为主线，演绎了一幅地方政府与民众一起推进民主与法治进程的生动画卷。民主恳谈是发自基层民主又超越基层民主的一种理论创新，并上升到人民民主层面。通过参与恳谈，落实了公民的知情权、参与权、表达权、监督权，而不再是宣示于纸面的权利。重大决策由传统模式转变为民主参与模式，公众直接参与政府决策，反映他们的利益和诉求，民主不仅是一种程序，更是一种权利实现。参与式民主发展背后是公众利益的驱动，民众自己代表自己的利益，自己提出自己的诉求，在乡镇决策中得到积极回应。政府决策从议程的设定到决策执行都允许民众参与，这些参与领域一般都为人们最关心和感兴趣的领域。议题阶段的参与非常重要,公众不是被限定在某些领域做选择,而是在开放的气氛中提出主张,如征地问题、建房问题、安全问题、生态问题等。不仅捍卫了民众的生存权利,还解决了社会矛盾,维护了社会和谐。但是,这种参与并没有否定代议民主,没有架空人民代表的职能,也没有主张无政府主义,政府依然是行政决策主体,是不同利益的平衡者和仲裁者。

同时,民主恳谈实践并完善了"三统一"理论,即把坚持党的领导、人民当家作主和依法治国有机统一起来,探索现阶段决策民主的有效途径。在温岭模式中,党政决策者主导、公众主动参与而非动员参与、人大发挥职能,这是一个符合现实又符合法治精神的重大实践,既获得人民群众的支持,又获得政治支持和法律支持。这种参与显然与西方的参与式民主具有重大区别。温岭的民主与法治是党委推动的,自身既是改革的推动者又是改革对象,但是只凭这一支力量,很难坚持下去。社会的推动成为另一支力量,公众觉醒的权利意识和现实利益督促政府实现民主决策。这样,既实现了公众的民主权利,维护了公共利益,又实现了执政党对民主与法治的要求,推进了政府职能转变和服务型政府的转型。

中国法治的重点在于人大发挥应有作用,民主恳谈是涉及地方人大制度建设的。新河镇完善了人大议事规则、补充了预算审查程序、增加乡镇人大会的会次和会期人大代表在履行监督与审议职能时有较为充分的时间保证。规定每年召开三次以上的人代会,讨论预算草案一般在两天时间,这是一个很大的进步。预算草案要求尽可能细化、明确、具体,让代表看明白预算,从而有针对性地提出修正意见。新河镇为方便人大会闭会期间代表履职而设立人大财经小组是一个创举,规定五名以上乡镇人大代表联名可以提交预算修正案,设置了代表辩论程序,实施预算草案票决制。这些实实在在的制度建设,目的是使预算审查与民主参与更加真实。

(二)实践意义

民主恳谈的实践意义在于通过增量民主迈向渐进法治。这种增量民主就是参与式民主,是一种多元的参与式民主。参与式民主成为行政决策的法定机制。这意味着凡是没有经过公众参与的重大决策都会受到民众的质疑,在执行中会遇到阻力,既不符合党委规范性文件,也不符合政府的规定。不坚持民主恳谈政府无法给各方交代,公众对恳谈已经有心理期待,人大代表更怀有光荣感与使命感,不经恳谈而决策会遭到人大代表批评和投票反对。民主恳谈坚持依法办事原则,决策符合参与原则,符合民主制度规定。而这一系列制度是在民主恳谈发展过程中健全完善起来的。民主恳谈的程序设计由镇党委负责,预选项目由镇政府提出,可行性方案由专家论证,重大决定及财政预算由人大代表审查,项目建设由镇政府实施。党委、政府、人大各司其职,分工明确。可以说,民主恳谈作为一种机制,激活了现行体制中的民主基因,对民众、人大代表以及党政官员是一个民主法治的教育与训练,通过民主恳谈,民众学会了参政议政的方法,人大代表增强了代表意识,提高了代表能力党政官员,提高了民主意识和法治观念。

第三节 行政决策的地方创新

一、信息预公开制度

2002年11月6日广州市政府颁布《广州市政府信息公开规定》,2003年1月1日起正式实施。并于2015年修改,同年9月30日实施。这是我国第一部政府信息公开的地方立法。规定共七章三十四条,除总则和附则以外,有“公开内容”“公开方式”“公开程序”“监督与救济”“法律责任”等规定。明确指出政府信息应该公开本行政区域的社会经济发展战略、发展计划、工作目标及完成情况、事关全局的重大决策规章、规范性文件及其他政策措施、政府的机构设置、职能和设定依据、政府行政审批项目、当地重大突发事件的处理情况、承诺办理的事项及其完成情况。其中,前三项关系行政决策事务"发展战略""发展计划""工作目标""事关全局的重大决策"等内容予以公开,打破以往政府"禁裔",民众可对其进行评价,发表批评意见。值得特别提出的是,"规定"设置了"预公开制度",即凡是重大决策都应事先让民众知晓、让民众参与方案的讨论。《广州市政府信息公开规定》规定了涉及个人或组织的重大利益,或者有重大社会影响的事项在正式决定前,试行预公开制度,决定部门应当将拟决定的方案和理由向社会公布,在充分听取意见后进行调整,再做出决定。政府决策的"预公开"制度创新在于不仅仅是单一的政府信息公开,也不是把形成的决策结果告诉民众,而是让民众参与到决策过程,是一种双向的、积极的措施,这一举措是政府信息公开制度的深化。

2004年1月15日,广州举行了市区摩托车限行方案听证会,充分地听取市民和有关方面的意见,最后出台了《关于限制摩托车在市区部分区域路段行驶的通告》,得到广大市民的支持。广州地铁一号线建成后,初拟票价高于北京、上海,但是市民有不同意见,为此市政府专门召开听证会,最终达成各方面都能接受的决策方案。

广州在一些重大建设项目设计上也对方案草案预公开,征集市民意见,大剧院、国际会议中心等的设计投标方案就采取"预公开"方法,市民投票选择自己喜爱的方案。广州建立重大决策征求意见制度和专家顾问制度,得到民众的一致好评。据2006年3月30日《广州日报》报道,广州方舟市场研究咨询公司的调查显示,大多数居民认可政府决策听证的做法,六成以上市民对听证会影响政府的定价或决策的作用持肯定态度。

政府决策信息"预公开"具有明显的制度意义,不仅改进了行政决策的科学品质,还带动其他地方学习与创新活动。近些年,国家机关以及上海等地在一些重大决策出台前通过信息“预公开”制度听取群众意见，一定程度上推进了决策民主法治化进程，预防行政腐败，也化解了决策风险。但是，广州信息“预公开”推行的范围不够广泛，一些规定还需要完善，规章权威性不够。2009年《广州市政府重大行政决策程序规定》（草案）向全社会公开征求意见，政府决策的方式和程序问题有望得以较好的解决。

二、开放式决策制度

2009年1月23日，杭州市颁布并施行《杭州市人民政庭开放式决策程序规定》，确保市政府决策基础的广泛性、民意表达的直接性、决策民主的有序性，提高行政决策的公开化、民主化、科学化水平。该规章简洁明快但内容丰富，开放的理念贯穿于决策的全过程。包括决策事项的酝酿、调研、起草、论证，市政府常务会议讨论、决策以及决策的实施，都是开放的、民主的，既向市民开放，又向媒体开放。

“开放式决策”体现公开、透明、参与、互动，落实市民参政议政权利。正如当地官员所表示，老百姓有权知道政府在做什么，因此开放式决策是事前、事中和事后全过程公开和全过程参与。市政府的重大行政事项应实行开放式决策。该规定适用于开放式决策事项的提出、征求意见、决策审议、决策结果反馈。开放式决策事项包括八项拟提交市人代会审议的政府工作报告、全市国民经济和社会发展计划报告、财政报告等城市总体规划、市域城镇体系规划、经济社会发展规划、重点专项规划重要的地方性法规草案、政府规章草案事关群众切身利益的重要改革方案与公共政策群众日常办事程序，和社会公共服务事项等的重大调整涉及群众生产生活的重大公共活动、重大突发公共事件应对方案加强市政府自身建设的重大事项市长提出的其他重大事项。

杭州已处在人均过万美元的发展新阶段上，社会主体多元化和利益关系复杂化对政府决策科学化、民主化提出新的更高的要求。杭州市开放式决策的参与范围广泛,明确规定相关行政机关、咨询机构、行业协会、中介机构、利益相关者和人民团体等组织代表、市人大代表、市政协委员、专家和公众等个人代表,依照本规定参与市政府开放式决策。明确提出社会主体如咨询机构、行业协会、利益相关者等参与政府决策,充分反映了逐渐多元和分层的社会,体现决策者的开放视野。

“开放式决策”使政府决策从事后公开转向事前、事中、事后全过程公开,这是以往强调的政务公开所不具备的。决策事项承办单位在将决策事项提交市政府审议前一般应按下列规定事先征求意见,未经充分协商的事项不得提交市政府决策。一是举行专家论证会,邀请专家或者研究咨询机构,对重大决策事项进行可行性论证;二是征求有关区县市政府和市本级有关部门的意见,进行充分的沟通和协商;三是通过召开座谈会、听证会、协商会等方式征求行业协会、中介机构、利益相关者、人民团体和公众的意见,确保利益相关群体尤其是残疾人、失业者、“新杭州人”等社会群体的意见平等表达;四是涉及群众利益的重大事项,应进行社会公示征求意见。对于涉及民生的重大公共政策事项的决策规定要事先依法组织听证会,听证会由决策事项承办单位召开,在听证会举行前公告听证会的时间、地点、听证的事项以及公众参加听证会的报名时间、报名方式。通过新型媒体公开决策会议,市政府常务会议的实况直播、互联网视频连线发言资料,在“中国杭州”政府门户网站和杭州网等媒体上开设专栏予以公布。市政府常务会议研究议题、议题内容及市民参与方式等信息在会前通过《杭州日报》和“中国杭州”政府门户网站和杭州网等媒体预告。市政府常务会议可邀请部分市人大代表、政协委员和市民代表列席会议,听取他们的意见和建议。普通市民可选择以下方式参与市政府常务会议通过自愿报名:申请参加互联网视频连线发言或列席会议,通过“中国杭州”政府门户网站等收看会议实况直播,通过“中国杭州”政府门户网站等在直播论坛上发表意见和建议。杭州市政府的重要活动或全体会议今后都将进行视频直播,杭州各区县市也将因地制宜,通过网络直播形成互动。在开放式决策的规定颁布之前,杭州实际上已经启动了这一工作。

从2009年起杭州市及所辖区、县政府全面开始推行“开放式决策”,用开放协商、透明会议、全程参与等创新举措来实现社会利益的平衡。2009年3月,杭州市政府工作报告、国民经济和社会发展计划报告、财政预决算报告“两会”前一个月网上公开征求意见,市民通过发帖或发邮件发表意见。在《政府工作报告》中,市民代表提出的“扩大医疗保险联网支付覆盖面”“加强妇幼保健工作”“引导学校等单位内体育设施节假日向社会开放”“扩大老小区物管覆盖面”“表彰扩大就业先进企业”“加强劳动监察工作,及时纠正和查处欠薪等违反劳动法律的行为”等意见建议均被吸收采纳,并写入《政府工作报告》。群众反映比较集中的扩大消费、公交路线、住房、新建小区配套设施、统筹城乡区域发展、外来务工人员生活保障、优化城市生态环境等合理建议被《计划报告》采纳。廉租房补贴、旅游设施投入、消费券发放、国有资产管理、人才引进机制、民生保障与从严控制会议、接待、出国和公车购置使用等被采纳写入《财政报告》。“开放式决策”塑造了民主法治政府的形象,公开、透明、廉洁、高效以及决策的科学性、群众认同度的提高是“开放式决策”带来的直接效果,受到学界和舆论好评。

三、行政决策程序制度

2008年4月《湖南省行政程序规定》颁布,并于2008年10月1日起施行,后于2022年修改后同年10月8日施行。《湖南省行政程序规定》的颁布创造性开启了在一省范围内依循统一程序行政决策的历史。《湖南省行政程序规定》总则将公众参与作为制定行政程序的一个基本原则。社会公众有权依法参与行政管理,提出行政管理的意见和建议;行政机关应当为公民、法人或者其他组织参与行政管理提供必要的条件,采纳其合理意见;公民可以向政府提出决策建议公布重大决策方案草案,通过座谈会、协商会、开放式听取意见等方式听取公众意见,在制定规章和规范性文件当中,也要求公布草案,广泛听取各方面意见。行政决策主体突破了行政机关规定,将法律、法规授权的组织和依法受委托的组织以及当事人和其他参与人纳入其中,具有前瞻而宽广的视野。并专门对“行政决策程序”进行规定,具体规制了重大行政决策和制作规范性文件的行为。明确了重大决策必须经过调查研究、专家论证、公众参与、合法性审查和集体研究五个必经程序。公众参与成为重大行政决策的法定环节。对需要进行多方案比较研究或者争议较大的事项,应当拟定两个以上可供选择的决策方案。决策承办单位应当对重大行政决策方案草案进行合法性论证。除依法不得公开的事项外,决策承办单位应当向社会公布重大行政决策方案草案,征求公众意见。公布的事项包括重大行政决策方案草案及其说明,公众提交意见的途径、方式和起止时间,联系部门和联系方式,包括通信地、电话、传真和电子邮箱等。决策承办单位公布重大行政决策方案草案征求公众意见的时间不得少于20日。决策承办单位应当组织名3以上专家或者研究咨询机构对重大行政决策方案草案进行必要性、可行性、科学性论证。决策承办单位应当从与重大行政决策相关的专家中随机确定或者选定参加论证的专家,保证参加论证的专家具有代表性和均衡性。专家进行论证后,应当出具书面论证意见,由专家签名确认。决策承办单位对专家论证意见归类整理,对合理意见应当予以采纳,未予采纳的,应当说明理由。专家论证意见及采纳情况应当向社会公布。这一规定体现了政府对公民参与的真诚态度，而不是做样子。

湖南省通过借鉴外省市一些好的做法，结合实际，建立了全省行政登记制度，对重大决策、规章和规范性文件，实行统一登记、统一编号、统一公布。规范性文件“三统一”制度，被学界看作是政府信息公开的一大创举。重大行政决策有下列情形之一的要举行听证会，涉及公众重大利益的，公众对决策方案有重大分歧的，可能影响社会稳定的法律、法规、规章规定应当听证的。实行行政问责制度，对行政机关及其工作人员的行政违法行为进行责任追究。行政机关在实施行政决策过程中，因工作人员故意或者重大过失，导致行政行为违法且产生危害后果，有下列情形之一的，对行政机关及其工作人员应当追究责任，不履行或者拖延履行法定职责的，超越或者滥用职权的，不具有法定行政主体资格实施行政行为的，重大行政决策未经调查研究、专家论证、公众参与、合法性审查、集体研究的，违反程序制定和发布规范性文件的，不依法举行听证会或者采取欺骗、贿赂、胁迫等不正当手段操纵听证会结果的，因违法实施行政行为导致行政赔偿的等。

湖南的行政程序规定创立了“先地方后中央”立法路径，作为中国首部系统规范行政程序的地方规章，《湖南省行政程序规定》填补中国行政程序立法的空白，对行政决策法治化具有历史性贡献。

四、专家咨询论证制度

2004年3月16日《成都市重大行政决策事项专家咨询论证办法》于成都市人民政府通过，自2004年5月1日起施行。《成都市重大行政决策事项专家咨询论证办法》规定，凡是重要的政府规章草案、宏观调控和改革开放的政策措施、社会管理事务、大型项目和关系社会稳定等重大行政决策，在提交市政府全体会议或者市政府常务会议讨论决定前，原则上都应经专家咨询论证。为此，成都市政府建立总数为300人左右的咨询专家库，设立重大行政决策专家咨询论证委员会。咨询委员会是由市政府直接领导,各方面专家组成的为政府决策服务的非常设决策咨询论证机构。主要任务是根据市政府决策的需要,组织咨询专家围绕本市经济、科学技术、文化、社会发展和改革开放中的全局性、长期性、综合性问题进行战略研究、对策研讨,提供科学的咨询论证意见。对一些特殊论证事项,市咨询委员会可以邀请库外的专家参加咨询论证。咨询专家实行聘任制,每届任期3年。规定咨询专家具备下列条件:从事相关专业领域工作满10年;具有高级职称或同等专业水平,并在相关专业领域具有一定知名度熟悉有关法律、法规、技术规范和标准;具有政治觉悟、公正诚信、廉洁自律。按照规定,咨询专家享有下列权利:经邀请列席市政府研究有关经济社会发展的专业会议和参加市政府各部门有关经济社会发展的专题研讨会;参与有关部门的咨询论证活动,根据需要查阅政府和有关部门的相关文件资料;独立为政府重大行政决策事项提供咨询论证意见和建议,提出专家咨询论证意见;不受任何单位和个人的干涉,对承担的课题研究有权自主支配课题研究费用;获得参加咨询论证活动的劳务报酬。

据姜晓萍等的研究,成都市重大行政决策专家咨询论证通过如下方式发挥出积极的作用:一是直接为市委、市政府或政府部门领导提供专题咨询;二是参与重大行政决策的可行性研究、论证或部分规章制度的设计;三是参与针对成都市的重点课题调研;四是全程参与重大项目方案的制定和实施;五是参与部分政府工作或重大项目的检查、验收。这一工作得到社会与政府的认同。据当年的问卷调查有86.6%的人认为专家参与行政决策咨询提高了决策的科学性,74.2%的人认为为行政决策提供了理论依据和技术支撑。这些内容有些需要进一步更新完善,但在这几年来的政府决策中已有所贡献。

第四节 行政决策法治化的初步成效

一、行政决策的规则与制度正逐步建立

行政决策的制度化建设长期滞后。“无法可依”问题有主客观两方面的原因,即主观认识不足、客观规则僵乏。法治政府建设和依法行政方向明确以后,行政决策法制化逐步提到议事日程,但由于行政决策法制牵涉甚广,党政关系、人大和政府关系、中央与地方关系等相互纠葛,问题比较复杂,需要从宏观上进行政治体制改革才能深入。正因为如此,地方政府才有一些空间在体制内进行规则构建,通过“作茧自缚”规范政府决策机制,与民众开展对话来取信于民。一个保守的估计,可能超过90%市县政府制定了行政决策制度。与国家层面的制度相比,地方的行政决策规章更具体细致,更具操作性。这些地方制度建设共同之处是都围绕“公众参与、专家咨询、集体决定”三结合建立健全行政决策机制,促进政府科学决策、民主决策、依法决策。但是在制度创新上具有一些差异性。因为制度创新与当地的经济社会条件密切相关虽然不是充分条件,在制度规定上,东部沿海地区的社会力量给政府施加了压力,政府开放程度更高一些,体现在公众与政府之间建立起了实实在在的对话平台。决策责任机制的逐步建立,结束了有权力无救济、有权无责的现状,各地政府规章几乎都规定了决策责任追究,意味着给行政决策戴上“紧箍咒”。一些地方政府还规定政府决策失误将在相关工作会议和媒体上作检讨和公开道歉。如果一年内两次以上含两次因决策失误进行检讨或公开道歉的,作出决策的责任领导停职检查直至行政处分。对于决策失误造成严重后果或恶劣影响的、需追究纪律责任的、依照有关规定处理涉嫌犯罪的移送司法机关依法处理。这些规定基本上是政府规章形式出现,地方性法规出现得很少,说明法制建设的联动机制还没有完全调动起

来,处于政府自我限权、自我规范的阶段。法治要深入推进,需要调动地方人大的职能和主动性。

二、政府主导下的公众参与在逐步扩大

凡是行政决策法治化进展较快的地方,公众参与就更真实和广泛;反之,公众参与被行政钳制,诉求渠道不畅。我国公众参与行政决策的渠道有人民代表大会和政治协商会议、政府举行的决策听证会、征求意见会以及各种方式的来信来访、领导接待日、不定期座谈会等。现实情况是,人大和政协的正式渠道由于各种因素其表达民意的机制部分失灵。同时,基层民众直接参与政府决策的呼声逐渐高涨。因此,公众参与政府决策的部分背景是公民社会发展、社会矛盾加剧、政府决策和决策执行压力增大。一些有民主精神和政治抱负的基层官员在制度框架内进行实践创新,将决策权与民众分享,将公众参与制度化。由于体制内的民主因子被激活,加上社会公众外在的推动"民主恳谈""政情恳谈""参与式预算""民主点菜"等改革能够坚持并得到深化。决策民主很多地方在探索,但坚持下来的并不多,改革很大程度上系于个别有进取、有胆识的领导,该领导人调离往往"人走政息"。另外,公众参与决策的制度建设也不"平衡",似乎可以得出经济发达地区优于欠发达地区,但这种结论显然具有臆断性,参与式民主的影响因素很多,其与公民社会的发育有关,也与当地干部的法治意识与法治能力有关。参与式决策搞得好的地区,往往是各种因素的综合而成,这些地方在公众参与决策上具有突破性的具体的规定,而一些地区往往"宣示意义"大于"行动意义"。甘肃省政府从2004年开始委托兰州大学"中国地方政府绩效评价中心"每年对全省14个市、州政府和省政府所属的39个职能部门进行绩效评价,目的是促使政府及其部门提高决策和执行效率,实现管理职能的转变。同时通过绩效评价强化政府部门的责任意识和服务意识,

提高政府部门的法治能力。这种通过公民参与政府绩效评价的“甘肃模式”催生了《甘肃省非公有制经济发展政策》的出台。通过第三方政府绩效评价的方式,较客观公正地反映了相对人对政府决策及作风等的意见和建议。“甘肃模式”体现的是一种第三方主持、公众参与、以“3E”为标准的评价体系。有理由期待甘肃公众对政府决策的影响力增强、影响形式更多样更有效,通过公众参与评价政府绩效,对政府决策进行监督,促进甘肃各级政府的决策民主与法治发展。

重大行政决策听取意见已经是主流的观点和认识,但这并不等于现实中就实现了充分参与直接民主。一些与民众利益密切相关的决策如自来水价格、居民生活用管道燃气价格、生活垃圾处理费、城市公共客运基准票价等公共事业价格收费标准,可能对生态环境、城市功能造成重大影响的政府投资项目决策并没有直接参与。在学者和媒体的“启蒙”下,民众有了维权意识,也逐渐获取了参与、协商与讨论的能力。一些地方对城市规划草案、总体布局、区域定位等方面的重大决策制定、调整经济社会发展的重大战略、中长期规划举行听证,通过听证会获取公众意见。一些地方规范听证程序,科学合理地遴选听证代表。经过公众参与,重大行政决策通过“合法关”重大决策之前,法制机构或者有关专家对方案进行“合法律性”审查。各地规定未经合法性审查或者经审查不合法的,不得作出决策。这不能不说是一个很大的进步。公众参与在基层决策中有更显著的意义。从基层积累的经验不仅体现在制度层面上,还体现在行动层面上,制度供给保证了参与有序,公众参与也推动法治秩序生成。现阶段的趋势是参与式民主逐步上移,决策民主与法治已经在市、县人民政府甚至在省级人民政府决策中都有实施。自上而下的动员和自下而上的试点已经趋于结合,合力的形成可能加快法治化进程,对此我们应有信心。

第五章 我国行政决策法治化的发展路径

良好、完备的规范是行政决策权力的法律存在，是行政决策法治化的前提和保障。实现行政决策的法治化，要求从行政决策的主体、内容到行政决策的程序，从行政决策目标的设定到决策的实施以及行政决策主体、决策辅助机构工作人员的业务素质和法律责任，都应以法律规范的形式加以固定。因此，行政决策的法治化首先需强调对“人”的约束，即行政决策的主体和相对人在行政决策的过程中应当明确科学、公平、民主、效率的价值取向，以保证行政决策目的的正当性与有效性。另外，考虑到行政决策行为的自由裁量性，还应当确立起行使行政决策权力的一些基本原则以确保行政决策行为在法律的范围内合理、正当的进行。

第一节 行政决策法治化存在的问题及原因分析

一、行政决策法治化存在的问题

(一)行政决策主体不明确

行政决策主体是指在国家行政机关中依法享有行政决策权力，可以直接从事决策活动并对决策实施后果承担责任的个人或机构。行政决策系统由中枢系统、信息系统、咨询系统、监控系统四部分组成。行政决策的主体是全部行政决策活动的主导力量，对筹划与发动行政机关的各项活动，组织、协调行政决策系统中的信息与咨询系统，具有关键地位与作用。

行政决策主体不明确，首先表现为决策主体分工不明确。由于行政决策是对公共事务作出决定，或确定行动方案与计划的活动与过程，它的主体主要是政府，但同时由于公共事务的复杂性及政府自身的失灵，导致行政决策主体呈现多元的状态。公共决策主体可以是政府，也可以是非政府组织，可以是营利性组织，也可以是非营利性组织，在美国甚至出现联邦监狱签约外包给企业管理的做法。改革开放对于我们国家来说，实质上就是一个通过对中央与地方的关系进行调整和优化而放权让利的过程，在这其中权力各方进行博弈也是在所难免，中央过度集权会导致地方缺少创新动力，权力下放过度又会导致地方主义。从经济角度来看，是政府还是非政府决策，是甲政府还是乙政府决策，基本原则是，谁更有效由谁决策。然而，政府自身的权力扩张、追求财政预算最大化、寻租等固有倾向，导致政府缺位和越位大量出现。决策权力范围划分不明确，关系未完全理顺，一些行政决策由党委作出，人大和政府部分职能未有效发挥，这必然导致权力无救济。

其次，决策主体不明表现为决策者个人的动机与能力不明确。目前的中国决策者在组织与个人的关系上表现在行政首长个人高度集权，他的动机往往可以直接影响决策目标和方案的选择。历史上的多次教训已经表明人的理性是有限的，一个妥当的行政决策至少需要按大多数人的意见来决定，何况在更大范围内的省级或者国家乃至世界范围的行动决策中个人专权的意志往往不是权力寻租就是权力滥用导致对善良无辜大众的蹂躏。卢梭说过，人的天性就是追求权利平等和自由正义，这是每个人都具备的天然特质，行政决策要成为公意需要这个决策在立足点和目标上都应当是符合公意的，所以从全体公民的利益出发进行考量并且对全体都适用的公共意志是人之所向，如果这一公意倾向于某个人别的特定目标，那么不能称之为公意，因为它不再具备公意要求的天然公正的属性，这个时候决策参与者讨论的内容不再具备个人内心所认同的熟悉的公平价值,当然也就不会再受任何公平原则的指引了。

若决策者建立个人功绩的欲望强过解决民之所需,那么政府"一把手"决策的随意性就体现为单凭其主观偏好、动机和情感来决定政府重大决策。行政决策直接决定人、财、物的调动方向,涉及范围广泛,决策者应具备相应的知识广度与深度,通晓相关专业政策与法律知识,对决策的风险认知,统筹全局、敏锐观察、机智应变的能力是在一个决策过程中必备的,而大多数"拍脑门"决策者的自信未必来自对自己是否集上述能力于一身的清醒认知。

(二)行政决策程序不规范

行政决策程序本身是一个行政决策在作出前后的动态流程,它是由决策过程中的各环节、步骤及其活动组合而成的一种动态行为模式,具体而言,它是指法律所规定的行政机关及工作人员制定行动方案,对方案进行筛选,然后作出决定的方式、步骤、时间和顺序。

行政决策程序具有独特功能,首先,表现在它通过规范、制约、监督行政决策权的行使保证依法决策的实现;其次,通过规范参与人的参与程序保障行政相对人合法权益;最后,通过提供公众参与的机会与途径,可以提高行政决策的合理性与效率,这一过程中的沟通理性将弥补决策合理性的裂缝,促进决策民主化。

我们不难理解在多元的社会现实中,一个决策的作出能够统筹兼顾,让所有人都满意,对决策者来说真的是一件极其奢侈的事情,因为任何决策的作出必定会触及某些人的利益,例如油价是否调整,普通消费者和油品供应商是对立的,对于车辆是否限行有叫好的也有反对的,景区门票的价格上涨还是下降,游客和景区管理者是不会同一立场的等。因为上述决策从制定到执行必然会受到各方压力的影响,真的做到面面俱到固然美好,然而现实情况却是照顾所有人的情绪会使人难以抉择，耗费大量时间和精力成本充分讨论也未必能得出各方满意的结论，况且决策过程完全开放的情况下受决策影响的各方力量就会极尽所能维护自身利益，此时经济上或者权势地位上占据相对优势地位的一方对结果产生影响的可能性会减弱，所以，这个时候，需要用法律规范来创造一个相对独立于外部环境的决策的“隔音空间”，法定的行政决策程序的作用就是对各种不必要的社会影响和偏见进行排除，卸掉不着边际的连环关系的重荷，最终打造一个大家心之所盼的平等对话、自主判断的场所。

(三)行政决策监督机制不健全

“监督”一词最常见解释就是监察、督促。法律意义上说行政决策的监督包含自上而下的监督、自下而上的监督和平级之间的监督三种。特权，依培根所说，是超于寻常法律的一件宝贝。由于为实现行政目标必然伴随行政权力的实施，目标的实现并非一蹴而就，决策—实施—监督，作为这一过程的基础部分的监督必不可少。

行政决策监督本身具有独立的功能与价值，首先，它有利于规范政府的活动，提高政府行政绩效，使行政人员执法时有章可循，并且对决策实施过程中可能遇到的风险及时发现并化解。其次，有利于制约政府决策权力，预防和惩治腐败，一个政府，如果没有做不正义的事情的爪牙，便不致成为一个不正义的政府。体制上对权力滥用的制约，会从源头上预防腐败。从事物的特质来说，要防止滥用权力，就必须以权力约束权力，如果一个人同时集立法权和行政权于一身，那么别人的自由就名存实亡了，因为按照权力行使的惯性，没有监督和制约措施的保障，人们将要害怕他暴虐地制定和执行这些法律，他可能将他制定的法律认定为全国的“一般意志”，进而去蹂躏全国，他也可能在这个一般意志中夹杂“个人意志”来毁灭每一个公民，只因为他同时具备立法权和行政权。最后,为决策科学化增添保证,决策涉及范围广,受自然、经济、历史、人口等多重因素影响,作为监督者由于其本身角色属性决定其天然可以更客观理性看待决策利弊,发现其中可能导致决策失误的隐性因素,从而确保决策的科学性。

行政决策监督理应由人大、政府、法院、检察院、共产党、政协、社会团体、舆论等主体共同行使,但实际中除政党和行政系统外的其他主体监督均存在失灵现象,不敢监督,不能监督,监督失职大量存在。首先,自身局限性非常明显的就是行政系统内部的监督,从效力上讲,由于缺乏独创性,所以监督效力有限,并且重事后监督,轻事前事中监督,从人为因素上讲,监督效果严重依赖于人为,加之缺乏监督程序,所以监督权滥用无法避免。其次,外部监督由于现实政制中各级人大还没有充分发挥监督职能,社会监督与国家监督的衔接不够密切,民意监督的表达机制还不畅通,司法监督由于诉讼范围的制约而不能真正发挥作用,虽然党的监督和行政监督比较积极活跃,但没有实现法治化监督。既然当今社会国家职能扩大给了行政机关更多的职责范围和裁量空间,他们会有更多的权力诱惑和滥用权力的可能性,那么在政府越来越有力量来约束人民的时候,国家应该制定更加完善的措施来约束政府滥用这些权力。如果一个政府从不滥用权力,加之其人民不滥用独立自主,那么我们可以认为,一个经常能治理得很好的人民,是不会需要受人统治的。所以将各方监督力量整合形成合力是推进行政决策监督法治化进而推进行政决策法治化的重要一步。

(四)行政决策责任制度不完善

行政决策责任指决策主体在行政决策活动中怠于履行或者错误履行应尽的决策义务,而应受到的谴责和制裁的总称。《政府论》中有这样一个观点,暴力所造成的伤害不论其以怎样的名义或借口,也不论是否出于执行法律的人之手,它仍然是暴力和伤害。法律制定的目的就是维护社会公平,保护弱者利益,如果连这一点都做不到,可能就会有不确定的风险会随时降临到难以自保的这些人身上,这时他们不能在人间寻求法律的保护,那唯一的救济途径就是,诉诸上天。

行政决策责任追究的功能体现在:首先,它是对行政决策权滥用的制裁,这种否定性评价表明该决策没有得到国家和社会的认可,使用绝对的专断权力,或者善变的法律进行统治,不论哪种,都是和政府目的不相符的。让相关组织或个人为决策权滥用付出代价,否则无责任的监督只能是流于形式的空洞说教。其次,通过警戒决策权的谨慎行使,促进决策的科学性与民主性,毕竟在“拍脑门”前审慎决断会抑制决策中的非理性情绪。因为真正损害人民基于对政府信任而产生的政府公信力的是政府在非理性状态下的摧残或压迫人民的倾向,或者政府区别对待,明显偏袒一方使之获取巨大利益而形成了不公平的现象。毕竟一个真正理性的政府秉持公正的心态和采取长久有利于人民的措施作出的决策,无论事关何人,那么一经作出,就总是理直气壮的。最后,行政决策责任制是建立真正负得起责任的责任政府,安抚与补偿相对人损失的重要途径。本身“权力就是责任”,具有惩罚性的外部控制会解决决策者“有其权而不负其责”的问题,毕竟决策者不是天使,对其错误的纠偏起码能防止其走向百姓心中的恶魔方向。

我国行政决策责任追究在实践中也是困难重重。首先,多数失误的决策没有组织出来承担责任。在责任追究上多数是对内责任,而关系这一复杂因素又为决策失误者开脱提供了便利,所以事实上政府鲜有道歉,更别提对相对人的补偿了,不确定的多数人不得不为少数人的不负责来买单。其次,即使有问责也是单一的行政问责或责任转移。问责过程本身人治色彩浓厚、不透明,或者在责任分配中,趁机转移责任,行政官员级别越高,可能分担责任越小,这也正是我们所常见的"决策级别越高越正确"的逻辑映射。

二、行政决策法治化面临问题的原因分析

(一)政府决策信息公开不足

在行政决策过程中当然应有利益主体和公众的参与,此时,参与者拥有信息的数量和质量是其有效而富有意义地参与活动的基础。人们通常认为个体是他们自身利益的最好判断者,这一命题的有效前提就是个体掌握认知、分析自身利益的充分信息。否则,他们认知的只是诉求,而非利益。黑格尔在《法哲学原理》一书中论述法律公开的重要性时就说过,把法律挂得老高导致的结果就是没有一个公民能读到它们,或者用拗口难弄的语言把法律埋葬在洋洋大观之中,造成的后果就是只有那些致力于这门学问的人才能获得现行法律的相关知识,普通群众要么是看不到,要么是看不懂,无论是前一种或后一种情形,都是同样不公正的。

当代行政中,行政决策涉及错综的利益关系,若缺乏必要信息的支撑就很难全面认知行政决策对自身利益的影响程度。从公众与政府互动关系看,公众对决策方案的反应取决于其所拥有信息的数量和质量。信息严重不对称时,公众会丧失对决策方案的评价能力,当政府抱怨公众提的意见跑题、偏题、缺乏对实际情况了解时,不知有没有想过这都与政府没有向公众发布必要"背景信息"成因果关系。信息匮乏是对参与能力的剥夺,这也致使公众对政府鼓励参与的诚意产生怀疑。因为信息公开有助于信息的交流互换,这同样是一个学习的过程,学习作为人类行动的一种,他们从环境中得到的反馈会影响下一步的行动,这样一个无休止的回路促成了充分公开的信息通过互换使公众参与决策的能力得到提高。因此,在决策过程中,参与者学习能力受到很大制约的主要因素并不是其天赋的高低,而是在于其能否获得参与决策所需的充分信息,如果答案是否定的,那么或者这种参与

的有效性将受到很大制约，在面对制度和行为变迁时参与者深深的无力感会令他们更加消极，这就难以理解为什么基于对参与过程丧失信心进而采取一些诸如抵制、不合作的非制度化行动。其实，在某种意义上看，这样的行动正是参与者“学习”的结果。这印证了美国科学家莫顿所描述的“对制度的制度化拒斥”，它的发生或是因为一个团体面对现实危机，要求采取与长期存在的规范不同的目标取向或适应性行为；或是因为新提出的规范与长期存在的社会习性和情感发生矛盾，它反映了规范与广泛的社会需求之间的不协调。

我国信息公开是在改革开放以后，随着行政体制改革的发展而提出的。从20世纪80年代起的政务透明开始也经历了较长时期的建立过程，其中，上级机关的压力，WTO规则，网络发展，“非典”等突发事件都对信息公开发展具有助推作用。在中国共产党的多次会议和报告中以及政府工作报告中均强调了促进信息公开、完善公民参与机制的政策，但是，综观我国信息公开制度的现状，虽然政策上已经有很大共识，但距离充分、有效的信息公开制仍有较大差距。首先，尚无统一的政府信息公开法，2008年5月1日实施的《政府信息公开条例》(后于2019年修订)是我国民主法治建设的一个里程碑，它对于保障公民知情权、促进政府信息公开起到一定推动作用，但是，其身份只是一部行政法规，我们尚缺乏一部统一的政府信息公开法。其次，信息公开的“公开为原则，不公开为例外”应对不公开事项进行明确列举，国家秘密、个人隐私、商业秘密的内涵和外延模糊不清，给政府将不愿公开的信息设为秘密留出巨大自由裁量缺口，使大量信息搁置其中，不见天日。

如果说政府能将其除去不能公开的秘密外的其他信息或主动或依申请而淋漓尽致地公开，那么，对于一个作用于不确定多数相对人的行政决策，从决策的主体到程序广大公众均有监督的可能性，这样是否政府伸了不该伸的手，过度干预市场自由，是否决策程序跳过必经步骤只为快马加鞭完成领导的政绩，均可以受到来自行政系统内部和外部舆论、大众、司法的监督。真实的公开不仅是为政府撒上防腐剂，预防决策失误的手段，同时也将使出事以后上级跑路下级来抗，一把手跑路副手来抗的陋习无处遁形，因为业已公开的信息是决策失误者责任的“把柄”。所以说，信息公开不足是行政决策尚未真正法治化的症结之一。

(二)政策决策者法治观念淡薄

“有治人无治法”是中国这个作为典型人治社会的传统表征，这句话是中国著名思想家荀况的论断，出自《荀子·君道》中：“有乱君，无乱国；有治人，无治法。”意思就是：有造成国家混乱的君主，没有必定混乱的国家；有使国家安定的人，没有使国家自行安定的法制。长久以来人们虽然强调法律的重要性，但是在“人治”与“法治”的论争中，他仍然认为关键是“人”而不是“法”。出于历史的惯性，我国立法机关的权威一直没有确立起来，司法机关独立性长期以来都是有所欠缺，这些现实因素叠加导致，不仅崇尚法律至上的观念没有在普通群众中形成，连政府决策者和执行者都表现出明显的法治观念淡薄，加上长期以来地方政府的民本意识淡化，行政决策对上级负责，对党委负责，人民主体被抽象化、虚拟化，所以才有了愈演愈烈的越级上访和进京“告御状”，基层政府出现信任危机，与民争利，行政决策“伤民”屡见不鲜。

(三)公民参与决策的意识不强

在一个国家体制良好的社会，公民温饱解决后，个人事情稳定的情况下，他们更加愿意去关心公共的事，这个时候公共事情显得越发重于私人事情。政治机器并不自行运转，正如它的产生是人类杰作一样，它的运转还需要人去操作，它需要人们积极参加到其过程中去，而非单纯的默从。人民的政府就应该以人民所乐于接受的方式运行，至少不能走到群众的对立面，为群众实现个人合法利益设置不可逾越的障碍，进而令每个公民失去对政府的信任和参与公共决策的信心。

行政决策的合法性要通过公众自由平等地参与来决定。随着经济地位的提升和受教育程度的提高，我国公民权利意识增强，为自身利益发声的人也越来越多，政府信息公开为公民参与决策提供可能性，参加听证会、座谈会和意见征集会是公众参与的主要形式。以听证会为例，行政决策听证会不仅是在履行法定的程序，更为公民诉求表达提供渠道，预防行政独裁，使人民感受到正义。

但是就价格听证制度来管中窥豹，参与者存在明显角色错位，作为价格决策主体的政府，召开听证会的目的是为政府决策进行论证，那么决策的备选方案提出者也应当是政府，而不是由申请人提出。在这里，政府表面上来看似“退居幕后”，处在一个超脱角色之中，但是仅仅这一行为不能掩饰其对于价格决策权的绝对控制的事实。只要保证听证游戏能在既定的决策体制框架内顺利进行下去，政府都可以理所当然地认为，不论过程与结果是怎样的，这样的听证是成功的。但是，对于参与者来说，在这一过程中可能因为受漠视、被边缘化，可能因为对结果不满而充满了挫折感和失望情绪。最具代表性的是各地举行的景区门票涨价听证会中，许多代表表示不清楚涨价原因和信息，所以这种确信自己不会对决策产生实质影响的心理加之经营者代表胸有成竹地参与听证，使公众心理上的劣势被放大，或许为听证满心欢喜做准备，结果就像一拳打在空气上。虽然我们常常呼吁，一个人，即便是最卑微的公民的生命在政治宽和的国家里也应当受到尊重。听证实践中暴露出的缺乏规则、代表遴选不合理、信息不对称、暗箱操作等弊端，使听证制度并没有真正体现民意。公众对听证认可程度并不高，认为“轰轰烈烈走过场”和形式主义的公众占多数，因为每逢价格听证会就是“逢听必涨”，这出政府自导自演的独角戏，为垄断经营者们逐利披上了形式合法的外衣，广大消费群体的利益相关者由于被屏蔽了绝大部分信息，即使参加听证也不过是以近乎"聋子"的身份走过场。所以，几场下来必定消耗公众对决策参与的热情，当怀有强烈心理期待的公众被配出在规则之外，在门外向命运主宰者恳求，而非进入里面商谈，他们的沮丧可想而知。并非公众没有参与意识，而是在历次参与并未奏效的无力感中丧失掉了参与决策的强烈愿望。所以这也是我们放弃了的参与感导致决策非法治化有了空间，决策程序欠缺了部分规范性，所以一方面政府一只手捂着重要信息埋怨群众不认真参与并且提不出有效意见，另一方面，公众影响决策无果失望地抱怨参与只是走过场而更加消极对待自己权利，只是决策形式上获得合法性，实质上却未必同时具有合理性。

（四）专家咨询论证不充分

一般来说，一个政府部门的首脑在我们看来通常是一个搞政治的人，他除具有一般能力和他应当具有的关于国家一般利益的知识外，除去其在求学阶段获得的自然科学或者社会科学中众多分支中的一小部分，他对于其他领域的专业知识一般是陌生的，除非基于偶然的机会或巧合状况，我们不能指望每一个决策者上知天文，下晓地理，无所不知，无所不能，所以决策时我们需要专家咨询提供更科学合理的方案就显得很有必要。

我们现行的公共决策体制强调"公众参与、专家论证、政府决策"的结合，这一体制结构中，我们可以看到，这种试图分配决策权的努力是一个重大进步。在强调技术路线的时代，专家广泛而深入地进入公共决策过程，是现代行政的一个典型特征。相反如果一个人习惯地除他自己的知识（即便这种知识事后被证明是偏见）外不利用任何人的时候，他甚至在他自己的事情上也很少作出正确的判断，在公众的事情上就更少作出正确的判断了。因为从知识论视角来看,专家在其自身知识专业化方面具备区别于一般人的相对优势,这天然地使他们从决策理性化角度获得了参与行政过程的正式“入场券”。通常认为专家可以对事实进行精准分析,由于其中立身份其提供的知识也被假定更加客观、价值无涉。然而,在实践当中专家咨询制度并没有实现其功能期待。首先,对于技术问题的分析上专家具有天然优势,但现实中是很多情况下技术问题与价值问题难以截然分开,关于价格上涨是否必要,专家可以根据自身知识来计算成本与收益,给政府以冰冷的数字,但是,公众则完全可能从情感或者历史原因将其理解为一个价值问题。其次,大量的事实也表明了,专家也并非全部洁身自好,他们是极有可能被利益集团雇佣,成为其利益诉求的传声筒,用专家的嘴来增强决策中一方的理性指数。但是,经历过实践的检验,专家咨询的决策依然难逃决策非理性导致的“政策失败”。再次,专家也是自然人,他们的知识也是经历不断学习和更新的过程,知识也具有局限性,这种有限的知识经过人脑加工输出的意见即便我们排除他可能具备的个人情感因素,也不能保证他的论证完全合情合理,甚至每个专家的知识构成也不同,作出的意见不尽相同,那么决策者如何取舍又有什么标准呢?例如同样是关于汽油价格上涨问题,为政府做论证的经济学家具有不同知识背景的情况下可能会做出“强化市场调节”和“加强管制”两种截然相反的判断。然而,如果咨询专家群体知识构成过于一致,也有可能忽视其他有价值的观点。

第二节 明确行政决策的价值取向

有学者指出“凡是社会管理就不能撇开价值,价值和人的目的性相互制约。”行政决策法治化研究也不例外,价值研究属于行政决策法治化研究的基本问题。行政决策行为是一种高度的理性行为,任何行政决策行为都是在一定的价值观念指导下，对社会资源和社会利益进行寻求、确认、实现、创造、分配的过程。行政决策在本质上是行政机关针对特定问题而对社会资源和社会利益的权威性分配过程，采用何种价值取向进行行政决策的制定与执行，涉及社会资源和社会利益分配目的的正当性与有效性。在学术界，学者们对行政决策的价值理念有不同的提法。笔者认为，法治化的行政决策，其价值理念应当包括科学、公正、民主和效率。

一、科学

科学的内涵有二：一是指“反映自然、社会、思维等的客观规律的分科知识体系”；二是指“合乎科学的、合理的”。笔者论及的是第二种涵义的科学。行政决策必须科学，因为只有科学才具有客观、严谨、及时、高效和可量化等特征，带有强烈的理性色彩。从根本上讲，科学的行政决策要求行政决策必须符合人类的理性思维特征、符合实际情况，尊重事物发展的客观规律，符合最广大人民的根本利益，运用现代的科学技术手段进行行政决策活动。科学决策是与社会化大生产相适应的，是与科学技术的进步密不可分的。科学决策符合民主、法治发展的客观要求，顺应时代潮流。行政决策行为中的科学性表现为科学的行政决策体制、科学的行政决策程序和科学的行政决策方法，以保证决策结果的有效性。

科学的行政决策体制，应该是一个既符合精简、效能原则，又符合现代决策科学化要求的，机构设置合理、人员结构优化、运行机制灵活高效的组织系统；科学的行政决策程序，是指既符合现代决策理论，又与决策实践相一致，具有实用价值的决策程序；科学的决策方法，主要是指在决策分析方法上的数学化和模型化，在决策手段上的计算机化。科学的决策是与经验决策相对而言的。经验决策是指依据过去的经验、凭借个人的才智、社会经验、知识水平等个人素质进行决策。经验决策容易使少数决策者掌握国家或政府的绝对权力,从而容易造成"人存政举、人亡政息"的政策断层。由经验决策到科学决策,既是行政决策发展的必然趋势,更是行政决策应有的核心价值或者说根本价值取向。当然,科学决策并不是说完全摒弃经验决策。科学决策并非万能,经验决策也绝非一无是处,在许多行政管理活动中科学决策还不能完全取代经验决策。只有把二者有机地结合起来,才能有效地提高决策者的决策水平,保证行政决策的正确性和有效性。

二、公正

公正,也可称为公平,在传统法理学中几乎一直被视为法律的最高价值。约翰·罗尔斯曾说:"正义(公平)是社会体制的第一美德,就像真实是思想体系的第一美德一样。法律和体制如果不是正义的,那么无论它们多么有效,多么有条不紊,也必然会被人们改革或废除。"行政决策与公正有着密切的联系。这不仅是因为公正的价值目标是决定行政决策科学性的重要因素,还因为公正价值所具有的功能是行政决策得以有效实施的基本前提。行政决策的价值取向若失之公平与公正,就会导致政府角色错位,"造成门权力化、权力利益化、利益法律化"局面,从而导致地方保护主义盛行。

然而,公正问题却是一个长期以来深深困扰着人们的古老而又常新的话题。在不同的历史条件下,在不同的民族文化中,从不同的阶级立场出发,人们对什么是公正、公正的标准或原则为何以及如何处理公正与其他社会价值的关系,都有着不同甚至对立的看法。例如,柏拉图认为公正就是"和谐",公正存在于社会有机体各个部分之间的和谐关系之中。每个公民必须在其所属的地位中尽自己的义务,做与其本性最相适合的事情。亚里士多德认为,公正是"平等"。在他看来,公正寓于"某种平等"之中。即相等的东西给予相同的人,不相等的东西给予不相同的人。英国哲学家、法学家金斯伯格认为,正义指法治或合法性。正义观念的核心是消除任意性,特别是消除特权，因此合法性的发展就具有巨大的作用。人是受法的统治而不是受人的统治的观念也就此涌现。他认为正义的历史大部分是反对法的迟误，反对任意适用法律规范，反对法律本身的不法的这些运动。从以上对公正的理解可以看出，公正的涵义是非常抽象的，而且具有非常鲜明的历史性和阶级性，一定时期内的公正的涵义与当时社会主流的价值标准密切相关。在当代中国，社会主义市场经济体制已基本建立，利益主体呈现多元化的趋势，但我国的综合国力与发达国家相比还有很大差距。在这种条件下，我国行政决策的公正性就在于实现社会各主体之间的利益平衡，满足各主体的合理需要和促进社会生产力的发展。当然，对于公正价值所包含目标追求，仅凭借其抽象的理念是无法实现的。要实现实体的公正性，还必须借助公正的程序。

三、民主

所谓民主，就是一系列保证公民实现自由、平等和其他权利的制度和程序。民主的本质是人民当家作主。在我国，人民当家作主的主要内容，就是他们有权在党的领导下决定由什么人来代表自己制定政策，管理社会。正所谓“知屋漏者在宇下，知政失者在草野”，问计于民，是行政决策科学化得以实现的重要环节，是减少违法决策的重要前提。民主论的主要代表罗伯特·达尔认为，所谓民主政治，就是全体公民广泛分享参与决策的机会，就是对政府决策过程的控制。也就是说，民主政治强调的是公民广泛的参与和直接管理，这从根本上说是一种民意政治，它突出公民的权利、义务和责任。民主政治时代是主权在民的时代，此时的公民在政治生活中不仅有服从的义务，而且有参与的权利，行使权利和履行义务是公民的本质特征。因此公民的决策参与程度始终是衡量现代社会民主化程度的一个重要指标。从世界范围而言，尽管当代各国对民主概念的理解不同、所建立的民主政治的体制不同，但是它们都采取不同的方式，在不同的程度上，实行公民参与管理国家和社会事务,将公民参与管理国家和社会事务的权利写在各自的宪法中。《宪法》规定,“人民依照法律规定,通过各种途径和形式,管理国家事务,管理经济和文化事业,管理社会事务。”这就是我国公民参与的法律依据。我国宪法规定的这种公民参与,从其包含的内容来讲是一种广泛的参与。即它不仅指公民的政治参与——由公民直接或间接选举公共权力机构及其领导人的过程;还包括对所有公共利益、公共事务管理等方面的参与。行政决策过程中的公民参与,主要是对后者的参与,这种参与就是公民通过一定的参与渠道,影响政府行政决策或公共事务的行动过程。具体而言,就是指行政主体为作为行政相对人的广大人民群众设立具体的权利义务时,也就是当政府在作出与公民有具体利害关系的决定、政策时,广大公民参与这一过程,并对政府的具体决策发表意见,而政府应尽可能地听取和尊重公众的意见和建议,并赋予公众以修改或废除某项决策权利的行动过程。坚持行政决策中的公民参与,对政府管理而言,是实现其决策民主化和科学化的一种重要手段;对广大公民而言,是直接或间接地影响政府行政决策的选择,实现自身利益的有效途径。

四、效率

效率是一个经济学上的概念,它源自于拉丁文,是指投入与产出的比率,反映的是在一个资源有限的社会如何做到以最小的成本得到最大收益的问题。经济学在社会生活每一个方面的渗透,使得人类几乎任何一项活动都可以用效率来衡量——即力求以最小的成本取得最大的收益,从而达到资源的最佳配置。行政决策也涉及效率的问题。随着社会生产力的发展,仅仅以科学、民主、公正来衡量行政决策的正确性已远远不够,只注重行政决策的公正性而不考虑或很少考虑行政决策的及时性和便捷性等因素将使社会正义迟迟不能到来。法谚有云:“迟来的正义非正义”,公正与效率是正义的两个维度，缺少其中任何一个都将导致社会正义无法正常实现。效率是现代行政管理所追求的目标之一，效率低下的行政最终将会对公众产生不利影响，行政决策有关效率价值目标的基本精神，是追求使公平与效率这并行有悖的两者处于均衡状态。既不以牺牲公众利益的代价来追求效率，也不因恐侵犯公共利益而束缚住行政机关的手脚。同时保持行政机关进行有效活动所需要的灵活性。

行政决策对象的复杂多变，决定了行政决策不能久拖不决，否则就可能贻误时机，丧失最佳决策机会。更有甚者，会给国家利益和公共利益带来严重损失。行政决策的效率性还要求尽可能多地投入合理的成本，减少或避免不合理的成本，增强决策的实践理性，使决策落到实处、见到实效。首先，行政决策方案的拟订必须考虑成本的多级取向。例如：是否必须拟订该方案？每一方案实施包含着怎样的成本？成本的高低是否与社会的承受力相协调？其次，对决策方案的评价必须贯穿成本必要性和可行性相统一的原则。许多行政决策方案之所以不能落到实处、见到实效，就是因为决策者只注意到了成本的必要性而忽视了成本的可行性。决策活动必须在成本问题上更多地关注方案的可行性。例如怎样将方案推行到底？在实施过程中究竟要付出哪些成本？如何将各个环节上的成本分解到社会可以接受的限度内而不致引起人们的抵触？制定决策方案的过程不仅仅要考虑应不应该做，还需要慎重考虑怎样做。所谓行政决策成本，是指为完成具体行政决策行为所耗费的人力、物力和财力等资源，以及其他可用货币度量的价值牺牲的总和，包括信息成本、方案成本、培训成本、规范成本、认同成本和控制成本等。行政决策所产生的收益包括经济效益、社会效益和环境效益。在更多的情形下，行政决策直接产出社会效益和环境效益，间接产出经济效益。行政决策的终极目标是追求公众利益的最大化,其在基础设施建设、环境保护、教科文卫等领域发生的行为带有强烈的公益性色彩。行为结果是为社会提供丰富的公共物品、稳定的社会秩序、高素质的智能型人才、高水平的科技文化成果,等等。这些产出有利于形成一个有序竞争、高位竞争的宏观环境,为社会经济的有序、高效发展提供基础性的前提条件,带来相当大的经济效益。在具体行政决策的作为过程中,一般而言,成本降低,效益就好;反之,成本提升效益就差。行政决策要求以最少的人力、物力和财力耗费获取最大的社会效益和经济效益。这才是反映了行政决策对效率追求的实质。

第三节 确立行政决策的基本原则

行政决策的基本原则,是对行政决策行为固有规律的反映和总结,是行政决策主体在作出行政决策行为时应当遵循的准则和基本法则。它和行政决策的价值取向一样,都对行政决策的法治化起着重要的指导作用。

一、行政决策权力法定原则

行政决策权力法定原则是指行政决策主体的一切决策行为都必须遵守法律的规定,任何行政决策权力的来源和作用都必须要有明确的法律依据,否则越权无效,要受到法律追究并承担相应的法律责任。行政决策权力法定原则是行政决策最基本的原则,其他原则都建立在此原则的基础上。基于法治的基本要求,行政决策权力法定原则应当包括以下内容:

(一)行政决策权力来源于法

一切行政决策行为必须以行政职权为基础,无职权即无行政。行政决策权力必须合法产生,行政决策主体的决策权力或由法律、法规规定或由有权机关依法授予,否则权力来源就没有法律依据。没有法律依据的行政权力从根本上说是一种非法的权力。这里强调的是行政决策主体要依法决策,而不得依言决策、依习惯决策、依长官意志或依主管意志决策。行政决策主体必须在法律规定的职权范围内活动,非经法律授权不得行使某项权力。

(二)行政决策权力受制于法

行政决策权力法定原则不仅要求行政决策权力来源于法,还进一步要求行政决策权力的行使必须具有明确的法定依据,受到法律全面的、全程的和实际的制约。这是对行政决策权力行使的要求,也构成行政决策权力法定原则的核心。行政决策权力受制于法主要是指法律、法规对行政权限作出了明确的划分,行政决策主体只有在其法定的权限范围内行使其决策权力才是合法的。当然,行政决策权力所受到的法律限制,不仅来自实体上的权限范围,还包括程序上对行政决策权力行使的方式和过程的限制。行政决策主体行使决策权力,不仅要依据法定的权限,还要依据法定程序。

(三)越权无效,并应承担法律责任

行政决策权力法定原则要求决策主体不得越权,如果越权则不具有法律效力。这是因为,法律效力必须法律授予,如不在法律授权范围内,它就在法律上站不住脚。因此,法院和其他有权国家机关可以撤销越权行政决策行为或宣布越权行为无效,并依法追究有关责任主体的法律责任。

总之,行政决策权力法定原则表明任何行政决策必须有法定的依据,要求行政决策主体做到有法必依、执法必严,用法的合理性来约束行政的随意性,不得抗拒和规避法律的约束。

二、依程序决策原则

依程序决策是行政法上正当程序原则的应有之意。正当程序原则的基本涵义,是指行政机关作出影响行政相对人权益的行政行为,必须遵循正当的法律程序,包括事先告知相对人,向相对人说明行为的根据、理由,听取相对人的陈述、申辩,事后为相对人提供相应的救济途径等。正当程序原则被

公认为是程序正义的主要体现。程序正义一直被视为“看得见的正义”,这源自于一句人所共知的法律格言:正义不仅应得到实现,而且要以人们看得见的方式加以实现。近现代程序公正观念产生于英国法,并为美国“法正的当程序”思想所继承和发展。在英国,受早期法律传统影响,人们一般相信“程序先于权利,正义先于事实”,美国更是将正当程序原则奉为宪法的核心原则之一。美国宪法所确立的法律正当程序原则,伴随对急剧扩张的行政机构及其权力进行控制这一背景,迅速向行政法领域蔓延。台湾学者翁岳生曾就此分析并指出,该原最初仅指司法(法院)程序,及至现代福利国家出现,行政决策(决定)实际发生剥夺人民权利效果后,乃逐渐要求行政决策亦需要符合正当程序。在行政领域,法律的正当程序被具体界定为行政性正当程序原则。所谓行政性正当程序原则,是要求行政机关行使行政权力涉及行政相对人的生命、自由或财产权利时,须听取当事人的意见。

三、比例原则

现代行政法面临的一个核心问题是如何将国家权力(在行政法上为行政权,在警察法上为警察权)的行使保持在适度、必要的限度之内,特别是在法律不得不给执法者留有相当的自由空间之时,如何才能保证裁量是适度的,不会为目的而不择手段,不会采取总成本高于总利益的行为。这项任务是通过对手段与目的之间关系的衡量,甚至是对两者各自所代表的、相互冲突的利益之间的权衡来实现的,也就是借助比例原则进行有效的控制。在行政决策行为的作出与实施上,也应当考虑比例原则,即行政决策的制定必须具有必要性与合理性。比例原则所要解决的核心问题是如何为行政决策行为的正确、有益和公正提供一个一般性的标准。行政决策行为可能在不同的决策环境下面临不同的现实条件,但是行政决策行为仍有一些一般性、共同性的原则可以遵循。

(一)合规律性与合目的性的统一

行政决策是为了满足人们的某种主观需要而进行的一种行为,具有一定的目的性。但是人们在按照自身需要进行抉择时不能任意为之,决策的目的必须与客观规律相符合,即行政决策行为必须符合规律性与目的性的统一。如果行政决策行为无视客观规律甚至违背客观规律,行政决策的目的往往就会难以实现。

(二)公正与效率的统一

在行政决策过程中,公正与效率是互相联系、互相制约的,忽视其中任何一个方面都会导致片面性。如前文所述,公正与效率都是行政决策所追求的价值,公正有时也可用效率机制来诠释。庞德认为,我们以为正义并不意味着个人的德行,它也并不意味着人们之间的理想关系。我们以为它意味着一种制度。我们以为它意味着那样一种关系的调整和行为的安排,它能使生活物资和满足人类对享有某些东西和做某些事情的各种要求的手段,能在最少阻碍和浪费的条件下尽可能多地给予满足。庞德的这种认识正是对公正与效率关系的最好诠释,也是行政决策所应遵循的原则。

(三)私人利益与公共利益的统一

公共利益与私人利益之间存在着一种对立统一的关系,公共利益与私人利益是互相转化、互相依赖及互相包含的。当政府在行政决策过程中面临是否要牺牲私人利益以保障公共利益的实现时,应当首先依照比例原则权衡两者的大小,考量该行为所要实现的公共利益是否真的大于其可能损害的私人利益,然后才能作出选择。而不应先入为主地认为公共利益就一定天然的优先于私人利益。

四、权责统一原则

行政决策法治化要求用宪法和法律来限制和约束行政决策主体的行

为，并使决策主体及其领导者的行为受到法律和公众的有效监督，这就必须建立起决策权力与法律责任两者之间的内在联系——即要明确决策者的法律责任。行政决策主体对其所实施的导致决策失误的违法决策行为，必须承担相应的法律后果，有权力必有责任，责任与权力相对应，这就是行政决策权责统一原则。长期以来我国由于缺少决策责任制而导致行政决策权力与责任脱节、决策不负责任的现象比比皆是，这在一定程度上助长了违法行政决策行为的滋生。因此要想减少违法行政决策行为的发生、实现行政决策的法治化，必须从根本上使行政决策责任得以实现，做到行政决策权力与行政决策责任相统一。权责脱节的状况，使承担责任的人往往无权决策，有权发号施令作出决策的人又往往不承担后果和应负的责任，从而导致推诿扯皮、决而不议、议而不决的现象大量存在。此外，因建立行政决策责任制，首先要处理好权责的关系明确界定和规范部门乃至个人的职责权限明确决策责任主体，做到各有各的权力、各有各的责任，别人不能干预，更不能侵犯。同时，又必须是有权还有责，违法行使权力应负责，改变有权无责、有责无权，以及有人不管事、有事无人管的状况。

应注意的是，行政决策主体的法律责任不能代替依法拥有行政决策权力的政府机关行政首长的责任。行政决策是行政首长的一项基本职责，我国法律规定，人民政府实行行政首长负责制。这说明各级行政首长在享有法律赋予的行政决策权的同时，还应承担行政决策责任。因而行政决策如出现重大失误、造成严重后果，应该而且必须依法追究决策者的法律责任。行政首长不能借口“集体决策”而由“集体承担”法律责任。“集体负责”易形成“法不责众”的局面，结果是谁也不负责从而导致“群体腐败”。因此，在行政决策主体因违法决策而承担法律责任的同时，该行政机关的负责人亦应承担相应的政治责任、法律责任以及道义上的责任。

第四节　探索实现行政决策法治化的具体途径

行政决策的法治化,其前提是具有完备的行政决策法律制度。但法治化绝非单纯地对已有法律规范的机械运用,而是在具体的行政决策过程中体现行政决策的价值理念和基本原则。在我国,实现行政决策的法治化可以从以下几方面入手:

一、明确行政决策主体的权限与范围

行政决策主体是依法享有行政决策权力的行政机关。我国《国务院组织法》和《地方各级人民代表大会和地方各级人民政府组织法》以及其他法律赋予行政决策机关的职权中包含行政决策权力。因此,一般说来,我国的行政机关都是行政决策主体。根据行政决策权力法定的原则,行政决策主体必须在法定的决策权力范围内行使决策权力,各司其职。除依法授权或委托的情形外,任何行政决策主体都不得擅自行使应由其他行政决策主体行使的决策权力。在不具有行政隶属关系的同级行政决策主体之间,应当根据政府职能的分工对行政决策权力予以划分,各个政府职能部门应当分别在法律赋予自己的职权范围内作出行政决策,不得相互推诿或者侵越。在具有行政隶属关系的上下级行政决策主体之间,应对决策权力根据不同的性质进行划分,并且通过法律予以规定,建立分级自主决策的行政决策体制。凡涉及全国整体利益的事项,例如海关、金融、国税、国家安全等方面的事务由中央实行垂直领导统一决策;凡涉及需要中央和地方行政决策主体共同管辖的事务,例如公安、地税、工商等方面的内容实行双重领导,由中央和地方政府共同决策;凡属于地方性较强的事务,例如文化、教育、体育等方面的事务由地方行政决策主体自行决策。

行政决策的范围,即行政决策涉及的社会公共事务与政府职能范围密切相关。随着我国社会由计划经济体制向市场经济体制转变,政府的职能也发生了变化,开始由无限政府向有限政府过渡。在加入之后,我国政府的职能集中表现在宏观调控、市场监管和社会服务方面。与之相适应,行政决策的范围也须有所缩小,而不应再大包大揽,牵涉社会生活的方方面面。

(一)宏观经济调控

政府不应试图凌驾于市场之上,以超越经济的权力去左右市场的竞争,限制市场主体的自由,而是应当根据国家宏观调控目标,编制经济和社会发展规划,制定符合本地情况的政策和法规,为经济发展提供良好的宏观经济环境,优化经济结构。

(二)市场监管

政府应当加强市场监管,界定和保护各类产权,排除地方和部门保护主义,建立全国统一、开放的市场体系,披露产品定价和产品质量信息,反对不正当竞争,维护市场秩序和交易安全等。

(三)公共服务

在履行公共服务职能方面,行政决策的范围主要是建立健全社会保障体系,提高政府的公共教育服务水平,扩大公共医疗服务对象范围、加强文化建设、建基础设施建设、搞好城市规划、环境保护等。

二、规范行政决策的程序,并辅之以相应的配套制度

行政决策是一个动态的过程,与其他管理程序一样,都必须遵循具有普遍性的一般程序。总的来说,行政决策按程序可以分为以下五个环节:发现问题、确定目标;收集信息、拟订方案;分析评估、抉择方案;实施方案、反馈调整;全面追踪、评估提高。将这五个环节以法律或法规的形式固定下来,由国家强制力来保证实施,有助于避免决策者因个体认识上的偏差而影响

决策的科学性。但在行政决策的过程中,可以设置一些相应的配套制度来保证行政决策程序合法进行,以有利于行政决策的科学、公正、民主、效率等价值目标的实现。

(一)专家咨询制度

行政主体在作出重大决策之前,需要经过一定的咨询程序。这种咨询主要有两种:一是在行政系统内部,在咨询其他领导成员意见或者决策辅助机构意见的基础上,由行政主体作出决策;二是在行政系统外部,在研究重大事项或与公众利益息息相关的问题时,充分咨询社会各界的意见,由行政机关进行决策。面向行政系统以外的咨询方式又可分为两种:一是公众咨询。即在决策的过程中,采用听证会的形式,咨询社会各界人士对有关公众事务的意见,吸取其合理的部分,以使行政决策更加符合实际情况或更能反映民意,这是决策民主化的具体体现。二是专家咨询。谋断分离是现代行政决策的特点之一。由于政策决策涉及的领域非常广泛,决策者不可能是无所不能的全才,常常需要就自己并非十分熟悉的问题进行决策。专家咨询可以协助决策者发现问题,确定决策目标;可以为决策者拟定决策方案,提供解决问题的办法。

(二)行政决策听证制度

行政决策过程中的听证制度,是指行政决策主体作出影响相对人权益的行政决策之前,就有关事实和法律问题听取利害关系人意见的制度。听证制度旨在为与该项决策有利害关系的一方当事人提供表达和陈述自己意见的机会,由此可以防止、限制行政决策主体滥用决策权力,从而作出既能满足绝大多数人利益、又能兼顾少数人特殊利益的合理决策。许多国家的行政程序法都把听证作为行政程序的重要制度加以规定。我国的《行政处罚法》《价格法》《立法法》和《行政许可法》等多部法律都规定了听证制度,但是在行政决策领域听证制度尚处于起步阶段。因此,在未来的立法设计上应明确行政决策听证制度的主持人、申请人、适用范围等事项。

首先,关于行政决策听证的申请人。由于行政决策事关社会公共事务与公共利益,其利害关系人通常是不确定的。在具体操作上,除了行政决策主体依职权主动召开听证会外,社会组织(如行业协会、消费者协会等社会团体组织)和社会公众都应有权提出听证申请。当然,社会组织和社会公众提出的听证申请还需具备相应的条件和经过特定的程序才能启动听证程序。对于相应的条件与程序,政府部门可以制定《听证程序条例》或类似的文件加以规定。

其次,关于行政决策听证的主持人。主持人能否公正地主持听证,是影响听证能否达到预期目的的关键因素。因此,听证的主持人必须具有中立性、公正性,最好由行政决策主体与社会组织或社会公众在指定期限内共同选定。

最后,关于行政决策听证制度的适用范围。听证的目的在于保障科学、公正、民主等价值的实现,但还应兼顾效率。为了确保行政决策的基本效率,不可能任何决策都要进行听证。笔者认为,对于行政立法决策、政府价格决策、政府管理收费以及社会重大公共过程决策,应当由决策主体依职权提起听证程序;而对于其他方面的行政决策,若有社会组织或社会公众申请听证的,可由行政决策主体自由裁量是否举行听证。

(三)行政决策公开公示制度

该制度是指行政决策方案拟定之后,应当通过广播、电视、报刊或者互联网等方式向社会发布,听取人民群众意见和建议的制度。听证适用于行政决策内容与相对人联系密切并且利益主体相对集中的事项,而公开公示则适用于利益主体相对分散的一般行政决策。公示制度包含公示内容、范围、方式以及公示后出现问题的调查处理等。行政决策公开公示制度要求行政决策程序公开透明,行政决策程序的任一环节都应当向社会公开。因为阳光是最好的防腐剂,政府权力只有以一种可预测的方式行使,才能给相对人的行为提供规范和指导,相对人也才有可能对自己将来的行为进行筹划、安排和控制,整个社会才能有条不紊地维系在良好的社会秩序当中。

此外,在我国加入世界贸易组织签订的法律文件中有项协议,其中有项涉及政府,要求行政决策公开。为顺应规则的要求,同时为了避免暗箱操作导致的违法行政决策,今后我国应当通过法律的形式规定行政决策主体应当采取多种方式把与公众利益相关的行政决策及工作情况公布于众(涉及国家机密、商业秘密和个人隐私等情形除外),承办单位对群众的意见和建议应当及时收集和整理,吸收合理成分,对原有行政决策方案及时进行调整。

三、加强行政决策的法律监督机制

在此需强调的是对行政决策的事后监督。因为如果没有事后监督、对行政决策的实施结果不加关注,会使决策者容易通过非正常渠道谋取决策的通过,或者为了通过决策而人为地调整决策影响决策的科学性、公正性和正确性。行政决策的法律监督制度是指国家专门机关和其他社会组织、团体、个人根据国家有关法律法规的规定对政府行政决策实施后造成的结果和社会影响的合法性、合理性、公平性进行评估,得出评估结论,根据评估结论决定是否向有权国家机关提出改变或撤销行政决策的申请、要求赔偿的制度。

我国过去主要由全国人民代表大会及其常务委员会、各级人民代表大会、各级人民法院、各级人民检察院和各级政府等行使行政决策监督权,监督主体主要集中在各级国家权力机关和国家行政机关。但随着社会主义民主和法制的发展,监督主体的范围也亟须扩大。

我国当前的行政决策监督,应当在原有的国家权力机关和行政机关监督的基础上,考虑新闻舆论机关和广大人民群众监督的特点及功能,制定相关法律赋予这些组织、机构和个人不同程度的监督权力,使其通过市场化运作或者接受国家机关的委托开展对行政决策的法律监督。行政决策法律监督内容应包括对行政决策产生过程中、产生前后的相关因素监督和评价。主要包括以下几个方面决策的目的:①目标、任务;②决策过程中的决策环境,包括政治环境、法治环境、舆论环境、技术环境;③决策的提出机构、决策提出的依据、相关调查资料、调查的程序和科学依据、决策者的身份和资格、决策的方式、决策的程序、决策的表决情况、决策反对者的意见;④决策对合宪、合法、合理、公平、公正、公开、效率、社会稳定、相关群体利益、公众利益的考虑;⑤决策前后环境的变化情况、决策实行结果与决策目标的对比分析;⑥决策实施工程中可能影响决策实施效果的环境变化等。

四、完善行政决策责任制

行政决策责任,概括起来主要有道义责任、政治责任和法律责任。道义责任是指行政决策主体因违法决策给国家、社会和公众带来不利影响,应受到的道义上的谴责;政治责任主要是指行政决策违反党和国家的大政方针,有损国家和人民的利益、权利和福祉而对国家和人民所负有的责任;法律责任是指行政决策主体违法决策造成重大损失时所应承担的法律后果。根据危害性质以及损害后果的不同,可将违法行政决策的法律责任分为以下几种:其一,违宪责任。违宪责任是指行政决策主体的行政决策行为违反宪法的精神、原则或具体规范而应承担的责任。违宪责任通常表现为行政决策本身被依法撤销或改变,行政决策机关负责人遭到弹劾或罢免。其二,行政责任。行政责任是指行政决策主体因违反行政法律义务而应承担的否定性法律后果,行政责任主要表现为警告、记过、降级、撤职甚至开除等行政处分。其三,刑事责任。刑事责任是指行政决策主体因故意或重大过失而作出违法行政政策,并因此给国家、社会和公众造成巨大影响和严重损失而应承担的最为严重的法律责任。刑事责任主要针对行政决策主体的负责人,至于行政决策机关本身是否需要承担刑事责任则取决于刑法的具体规定。其四,侵权赔偿责任。这是指违法行政决策侵犯公民、法人或其他组织和合法权益并造成损害导致的国家赔偿责任。完善行政责任机制是一项紧迫而又艰巨的任务,需要用法治化的规则、程序和方法来贯彻和体现责任,保证责任的实现。因此,完善行政决策责任制除了需要在行政决策程序过程中建立起相关配套制度以及健全、强化监督机制以外,还应强调以下方面:

(一)强化行政决策主体及其公务人员的法律责任意识

缺乏法律责任意识是我国法制建设中的薄弱环节,法律责任意识对于依法决策具有重要意义。实践表明,即使有了比较健全和完善的法律和制度如果人们的法律责任意识和法律责任观念淡薄、思想政治素质低,再好的法律和制度也会因得不到遵守而不起作用。因此,必须坚持不懈地抓好法律宣传工作,着重提高领导干部的法律责任观念,提高他们依法办事的能力,为行政决策的法治化奠定坚实的基础。决策者必须在法律规定的范围与职权内,依照法定的行政决策程序进行决策,否则就必须承担法律责任,这种意识应根植于决策者的内心深处。

(二)建立行政决策主体问责制

行政问责是指对未履行法定义务或未承担相应责任的行政机关及其工作人员进行责任追究的事后监督制度。现行制度中,行政机关与各级各类官员的权责不清，是导致问题发生后责任难定、处理模糊的根本原因。在行政决策过程中建立行政问责制，首先要明确作出违法行政决策的行政机关、直接和间接负责人的责任。根据我国法律的规定，行政机关有行政违法行为时必须承担行政责任；行政决策的直接负责人由于本人过错而非由行政机关命令、委托所致，除由行政机关承担责任外，亦应追究其行政责任；行政机关的领导者个人违法决策，应当责任自负。如果因其失职而造成下属工作人员违法决策，则其作为间接负责人亦应承担相应责任。

参考文献

[1] 常征.行政决策法治化问题探讨[J].中共福建省委党校学报,2018(02):72-77.

[2] 郝丽.行政决策后评估的问责价值实现研究[D].长春:吉林大学,2022.

[3] 胡学瑾.行政决策法律规范研究[D].重庆:西南政法大学,2020.

[4] 林艺.重大行政决策公众参与制度研究[D].宁波:宁波大学,2019.

[5] 刘翠芳.重大行政决策程序法治化研究[D].济南:山东师范大学,2019.

[6] 刘大千.我国重大行政决策合法性审查制度研究[D].南京:中共江苏省委党校,2022.

[7] 刘丽雪.行政决策法治化问题研究[D].石家庄:河北师范大学,2016.

[8] 卢护锋.行政决策法治化的理论反思与制度构建[J].政法论丛,2016(01):82-88.

[9] 梅扬.行政决策概念的法治逻辑与表达[J].荆楚法学,2023(01):112-121.

[10] 任佳艺.行政决策过程性信息公开的司法审查体系建构[J].中州学刊,2018(09):58-62.

[11] 石景林.地方政府重大行政决策法治化研究[D].广州:广东外语外贸大学,2016.

[12] 宋梦玲.论我国重大行政决策合法性审查主体制度的完善[D].南昌:南昌大学,2019.

[13] 王锦杰.重大行政决策合法性审查功能视域下的审查主体研究[J].中共山西省委党校学报,2020,43(04):81-86.

[14] 徐岩,鲜磊.论重大行政决策回应民意之价值分析[J].开封教育学院学报,2018,38(06):198-199.